基于现场实测三维高精度纹理数据的沥青路面抗滑性能预测研究

彭毅 李强 ◎ 著

西南交通大学出版社
·成都·

图书在版编目（CIP）数据

基于现场实测三维高精度纹理数据的沥青路面抗滑性能预测研究 / 彭毅，李强著. —成都：西南交通大学出版社，2023.8
ISBN 978-7-5643-9456-1

Ⅰ. ①基… Ⅱ. ①彭… ②李… Ⅲ. ①沥青路面 – 抗滑性能 – 研究 Ⅳ. ①U416.217

中国国家版本馆 CIP 数据核字（2023）第 162470 号

Jiyu Xianchang Shice Sanwei Gaojingdu Wenli Shuju de Liqing Lumian Kanghua Xingneng Yuce Yanjiu

基于现场实测三维高精度纹理数据的沥青路面抗滑性能预测研究

彭 毅 李 强 著

责 任 编 辑	何明飞
助 理 编 辑	陈发明
封 面 设 计	原谋书装
出 版 发 行	西南交通大学出版社 （四川省成都市金牛区二环路北一段 111 号 西南交通大学创新大厦 21 楼）
发行部电话	028-87600564　028-87600533
邮 政 编 码	610031
网　　　址	http://www.xnjdcbs.com
印　　　刷	成都蜀通印务有限责任公司
成 品 尺 寸	170 mm × 230 mm
印　　　张	12
字　　　数	176 千
版　　　次	2023 年 8 月第 1 版
印　　　次	2023 年 8 月第 1 次
书　　　号	ISBN 978-7-5643-9456-1
定　　　价	75.00 元

图书如有印装质量问题　本社负责退换
版权所有　盗版必究　举报电话：028-87600562

前言
PREFACE

道路交通事故的发生与路面抗滑性能关系密切。良好的路面抗滑性能可以确保轮胎具备较高的附着系数，使车辆具有良好的操控性能，有效降低道路交通事故发生率。路面抗滑性能又与路面纹理特征紧密相关，优良的路面纹理构造有利于积水排出、刺穿水膜，从而改善轮胎与路面接触状态并降低车辆水滑事故的发生率。

本书基于LTPP SPS-10（Long-term Pavement Performance，路面长周期使用性能研究；Specific Pavement Study，特殊路面研究）俄克拉荷马州项目，使用LS-40便携式三维表面分析仪和动态摩擦系数测试仪（Dynamic Friction Tester，DFT）获取目标路段的108组三维高精度纹理点云数据和路面摩擦数据，介绍了基于三维激光扫描技术的沥青路面纹理三维点云获取方法，构建了路面区域三维纹理表征参数体系，丰富了路面纹理评价手段。通过机器学习方法建立了沥青路面抗滑性能预测模型，验证了基于区域三维纹理表征参数预测路面抗滑性能的可行性；提出了基于激光三角法成像原理的三维路面有限元模型重构新方法。基于高精度路面纹理点云数据跨平台编制了三维路面重构程序，完成了由现场路面高精度三维纹理点云数据到现场路面纹理有限元模型的转换；建立了基于路面区域三维纹理表征参数的界面摩擦系数预测模型，揭示了界面摩擦系数以及橡胶材料模型对沥青路面抗滑性能的影响机理。基于路面区域三维纹理表征参数建立了轮胎刹车距离的人工神经网络预测模型，探究了路面纹理与轮胎刹车距离的内在联系。研究成果可为非接触式沥青路面抗滑性能智能评估提供借鉴，对于实现道路交通安全管理的信息化、自动化、智能化具有重要意义。研究成果可为沥青路面设计、选材提供借鉴，可为道路交通安全管理、提高沥青路面运营维护水平提供新的思路。

本书由彭毅与李强教授（Joshua Q. Li）合作完成，同时得到了美国俄克拉荷马州立大学王郴平教授（Kelvin C.P. Wang）的悉心指导。本书的部分研究内容得到了国家自然科学基金（沥青与集料形貌耦合衰变诱发的路面抗滑性能劣化机理：52208425）、中国博士后科学基金（胎-水-路细观动态接触特性及路面抗滑性能评估：2021M693918）、重庆市博士后自然科学基金（路面现场纹理-水膜细观耦合作用机制及其对抗滑性能影响：cstc2021jcyj-bshX0113）的资助。本书的撰写得到了重庆交通大学交通运输学院、交通土建工程材料国家地方联合工程研究中心、西南交通大学道路与铁道工程系的支持，也收获了诸多专家和学者的宝贵意见和建议，在此一并表示衷心感谢！书中仍有许多不足之处，敬请各位读者批评指正。

作　者
2023 年 5 月 4 日

目 录
CONTENTS

1 绪 论 ·· 001
　1.1 研究背景与意义 ··· 002
　1.2 国内外研究现状 ··· 005
　1.3 研究内容与技术路线 ·· 021

2 纹理三维表征与路面摩擦关联性研究 ······················· 025
　2.1 路面纹理三维点云数据采集 ····································· 026
　2.2 路面纹理表征指标 ··· 030
　2.3 路面抗滑性能测试仪 ·· 036
　2.4 LTPP SPS-10 项目简介 ··· 039
　2.5 路面纹理特征与抗滑数据采集 ································· 042
　2.6 区域三维纹理特征与路面摩擦系数线性关系分析 ····· 046
　2.7 本章小结 ··· 050

3 路面抗滑性能机器学习预测模型研究 ······················· 051
　3.1 机器学习在道路交通安全领域的应用 ······················ 052
　3.2 机器学习算法介绍 ··· 054
　3.3 机器学习预测模型构建 ·· 064
　3.4 多参数预测模型性能评价 ·· 072
　3.5 本章小结 ··· 077

4 橡胶-路面相互作用界面摩擦性能研究 ···················· 079
　4.1 三维路面模型研究 ··· 080
　4.2 橡胶块-三维路面相互作用仿真 ······························· 084
　4.3 橡胶块-三维路面相互作用模型验证 ························ 088
　4.4 界面摩擦系数预测模型 ·· 094

4.5 界面摩擦系数与滑动阻力关系分析 ……………………… 106
4.6 本章小结 …………………………………………………… 111

5 基于区域三维纹理表征的轮胎刹车距离预测 ……………… 113
5.1 轮胎刹车距离基本计算方法 ……………………………… 114
5.2 ASTM E524 轮胎基本属性 ………………………………… 117
5.3 轮胎建模及材料模量反算 ………………………………… 126
5.4 轮胎滑水模型及验证 ……………………………………… 137
5.5 ASTM E524 轮胎刹车距离预测 …………………………… 149
5.6 本章小结 …………………………………………………… 157

6 结论与展望 …………………………………………………… 159
6.1 结　论 ……………………………………………………… 160
6.2 展　望 ……………………………………………………… 162

参考文献 ………………………………………………………… 165

绪 论

1.1 研究背景与意义

长久以来，公路交通运输在推进我国区域经济发展、提高人民生产生活水平的过程中发挥着重要的作用，协同铁路运输、航空运输、水路运输构建了我国安全、便捷、高效、绿色的现代综合交通运输体系。截至 2021 年年底，全国公路总里程达 528.07 万千米，比上年末增加 8.26 万千米，其中高速公路总里程 16.91 万千米，增加 0.81 万千米，公路货运量比上年增长 14.2%，高速公路货车流量比上年增长 6.0%[1]。公路交通基础设施建设投资持续保持高位，全国公路运输网络的不断延伸和加密，显著增强了公路通达能力和运输效率，促进了我国经济社会持续健康发展。2022 年，全国交通固定资产投资累计完成 38 278 亿元，同比增长 5.7%，再创历史新高[2]。《"十四五"现代综合交通运输体系发展规划》确定的主要目标是，到 2025 年，综合交通运输基本实现一体化融合发展，智能化、绿色化取得实质性突破，综合能力、服务品质、运行效率和整体效益显著提升，交通运输发展向世界一流水平迈进[3]。在全社会经济水平快速提高的背景下，全国机动车保有量持续增长。根据公安部交通管理局发布的数据，截至 2022 年 6 月底，全国机动车保有量达 4.06 亿辆，其中汽车 3.10 亿辆，新能源汽车 1 001 万辆；机动车驾驶人达 4.92 亿人，其中汽车驾驶人 4.54 亿人。2022 年上半年全国新注册登记机动车 1 657 万辆，新领证驾驶人数量 1 103 万人[4]。巨大的机动车保有量极大地减轻了居民的出行困难，同时也带来了能源过度消耗、城市交通堵塞、交通事故频发等一系列问题。

目前，我国交通事故发生率在机动车保有量持续上涨的情况下呈现缓慢增长的态势。《中国统计年鉴–2022》[5]指出，从 2017 年到 2021 年，我国交通事故年平均发生率达到了 242 681 起，年平均死亡 62 730 人，年平均受伤 251 291 人，年均直接财产损失 134 156.32 万元。其中，仅机动车交通事故年平均就达到了 211 666 起，平均每年导致 57 276 人死亡，217 962 人受伤，造成直接财产损失 125 946.02 万元。从图 1-1 可以看出，机动车交通事故是近年来所有交通事故分类中对人民生命财产造成威胁的最大一类。因此，控制机动车交通事故发生率、降低机动车驾驶人员的出行风险至关重要。

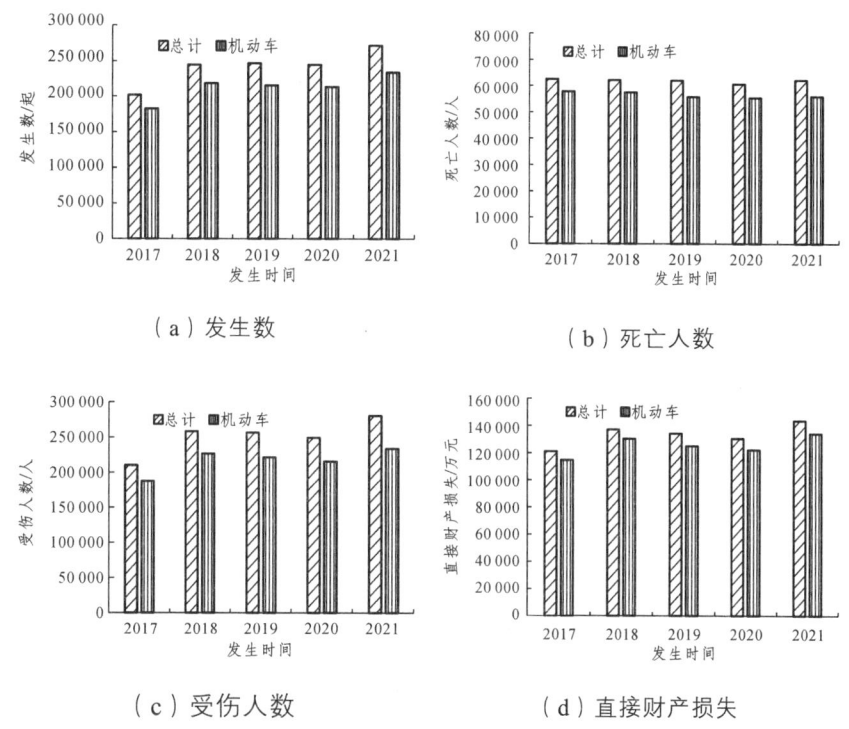

(a) 发生数

(b) 死亡人数

(c) 受伤人数

(d) 直接财产损失

图 1-1　近 5 年交通事故发生情况汇总

　　机动车交通事故与道路服役状态关系密切，而路面抗滑性能是体现道路服役状态、影响道路交通安全的主要因素。良好的路面抗滑性能可提供安全舒适的驾驶环境，为行驶的车辆提供稳定可靠的操控性能，降低交通事故发生率。因此，全面监控道路的抗滑性能，提前预报车辆湿滑高风险路段，降低交通事故发生风险，为车辆安全行驶提供保障，成为了道路工程领域新的研究课题。

　　路面抗滑性能的影响因素可归纳为路面因素、车辆因素和环境因素。路面因素主要包括路面纹理状态，集合料的种类、级配、规格，沥青的性质和用量，以及道路投入使用年限等；车辆因素主要包括车辆行驶速度、轮胎材料性能、滑移率、轮胎花纹、轮胎与路面接触印迹、胎压、轴载等；环境因素包括潮湿天气带来的路表湿润以及路面积水，车辆油料泄漏导致的路面油渍，施工车辆带来的沙土污染，冰雪天气导致的路面结冰，等等。

长期以来，接触式摩擦性能测试设备为路面抗滑性能评价提供了有效的数据支撑。如果按照使用状态区分，该设备可分为定点式摩擦测试设备和连续式摩擦测试设备[6,7]。定点式摩擦测试设备包含摆式摩擦系数测试仪和动态摩擦系数测试仪（Dynamic Friction Tester，DFT）。连续式摩擦测试设备一般包含锁轮型摩擦测试仪、Griptester 测试仪、横向力系数测试车[8]。然而，这些常用的接触式摩擦性能测试设备的局限性也很明显。对于定点式摩擦测试设备，摆式摩擦系数测试仪只能测试低速滑动状态下的路面抗滑性能，其数据可重复性差、数据使用效率低下；DFT 在摆式摩擦系数测试仪的基础上有所改进，但是受限于定点测试，在对路面抗滑性能进行长距离、大范围测试时需要人工搬运，且妨碍交通[9]。对于连续式摩擦测试设备而言，锁轮型摩擦测试仪、Griptester 测试仪和横向力系数测试车的功能各有互补，可实现路面抗滑性能数据的连续采集，但是其轮胎配件昂贵并且使用过程中会产生较大磨耗[10,11]。

最近的研究指出，路面因素中的路面纹理状态与路面抗滑性能关系密切[12,13]。良好的路面纹理构造可以刺穿水膜，减小动力水膜润滑作用，快速排出路表积水，增加轮胎摩擦阻滞力，从而减少车辆打滑事故的发生。针对接触式摩擦测试设备的缺点，路面安全研究人员尝试基于路面纹理指标，通过非接触式方法进行路面抗滑性能评估[14]。目前，在基于路面纹理特征的路面抗滑性能预测研究中，比较常用的指标有 MTD（平均构造深度）和 MPD（平均断面深度），通常用铺砂法、CT Meters 或者高速断面轮廓仪测得。但 MTD 和 MPD 过于简化路表轮廓特征，无法完整描述路面的纹理状态。即使路面具备相似的 MTD 或 MPD 值，其纹理细节也可能存在较大差异，从而可能导致不同的路面抗滑性能。

随着计算机性能的快速提升和非接触式三维激光测量技术使用的逐步深入，研究人员采用三维表面参数来描述路面纹理特征，并评价其与路面抗滑性能的关系，但在路面抗滑性能智能化评估应用方面依然有所限制。区域三维参数（3D Areal Surface Parameters）是近年提出的改进的路面三维纹理表征方法，该方法最先应用于工业制造领域以评价产品质量合格率，并被纳入 ISO 产品几何技术规范标准和《产品几何技术规范（GPS）表面结构 区域法 第 6 部分：表面结构测量方法的分类》（GB/T 33523.6—2017）。该参数体系直接从三维视角出发，分别采用高度参数、体积参数、复合参数、空间参数及特征参数来表征物体表面纹理信息，极大丰富了物体表面特征评价指标体系。近年来，已有相关研究运用区域三维参数来表征路面纹理特征构造，结果表明区域三维纹理表征参数与路面抗滑性能有着明显的相关性，但是建立的分析模型在解释路面抗滑性能方面还有待提升。在路面纹理采集技术层面，通常使用 CT Meter、CT 扫描仪和 HOLON 3DS 三维光学扫描仪等仪器获得路面纹理数据[15-17]。前者为便携式现场路面纹理采集设备，但是精度较低，后两者虽然具备较高的精度，却仅局限于室内试验。能够进行路面纹理数据的高精度、快速、现场采集的方法并不多。

因此，为了开发实用、有效、准确的路面抗滑性能预测模型，本书开展了基于现场实测高精度三维纹理点云数据的路面抗滑性能预测研究，以期改善现场路面纹理信息采集方法和数据精度，优化路面纹理特征评价体系，加强路面抗滑性能形成机理的研究，完善路面抗滑性能预测理论与技术，开拓路面抗滑性能评估新方向，相关研究思路和方法具有重要参考价值。

1.2　国内外研究现状

路面抗滑性能的研究起步于 20 世纪 60 年代，道路与民航行业的众多研究人员对其开展了广泛深入的研究工作，也获得了大量研究样本和试验数据。一般认为，路面纹理特征直接影响路面抗滑性能，并决定了路面抗滑性能的总体水平，因此有大量基于纹理构造的路面抗滑性能经验公式和预测模型被开发出来。另一方面，由于车辆行驶的平稳性和安全性直接受到轮胎与路面之间相互作用关系的影响，也有很多人基于数值模拟方法来研究复杂行车条件下的轮胎-水膜-路面相互作用关系，并进一步建立轮胎滑水模型来预测路面抗滑性能。因此,本节就路面抗滑性能传统预测模型、路面纹理状态评价、轮胎滑水模型的国内外研究现状进行系统介绍。

1.2.1 传统预测模型研究现状

传统的路面抗滑性能预测模型是以大量现场试验获取海量抗滑性能数据后通过回归分析得出的,一般有 Penn State 模型、修正 Penn State 模型以及 PIARC 模型。

(1) Penn State 模型。

Penn State 模型基于静摩擦系数以及测试设备轮胎滑移速度建立了摩擦系数,其表达式为

$$F(S) = F_0 \cdot \exp[1-(S/S_0)] \tag{1-1}$$

式中:$F(S)$ 为轮胎在相对滑移速度为 S 时获得的路面摩擦系数;F_0 为测试设备静止状态下的摩擦系数值;S_0,主要由路面宏观纹理状态决定。如果 S_0 取值较高,则说明滑移速度较高时路面摩擦系数较高,而 S_0 取值较低,则说明滑移速度较低时路面摩擦系数较低。相对滑移速度 S 是相对于静止路面针对运动中的轮胎所定义的速度,确定如下:

①当测试设备的轮胎锁定时,$S=V$;

②当测试设备的轮胎有固定滑移率时,$S=V \cdot k$;

③当测试设备的测试轮胎存在偏转时,$S=V \cdot \sin\alpha$。

式中:V 为测试设备行车速度;k 为轮胎滑移率;α 为测试轮的偏转角。

(2) 修正的 Penn State 模型。

由于测试设备在静止状态下难以测得路面摩擦系数,也很难获得实际的 F_0 值,所以一般通过外推法获得该值。对于路面摩擦系数测试设备来说,一般情况下可以测得测试设备滑移速度为 10 km/h 时的路面摩擦系数,由此,也可以使用 F_{10}(滑移速度为 10 km/h 状态下的路面摩擦系数值)来代替 Penn State 模型中的 F_0 值。鉴于此,修正的 Penn State 模型摩擦系数表达式为

$$F(S) = F_{10} \cdot \exp[1-(S/S_0)] \tag{1-2}$$

(3) PIARC 模型。

随着路面摩擦测试技术的不断发展,有越来越多的设备可用于测试路面抗滑性能。由于设备之间存在着差异性,修正的 Penn State 模型已经不能用于描述所有测试设备获得的路面抗滑性能。为了有效比较各种路面抗滑检测设备的测试结果,以统一任意滑移速度下测试获得的路面摩擦系数值,国际道路协会(Permanent International Association of Road Congresses, PIARC)路表特征技术委员会于 1992 年将 British Pendulum Tester, DF Tester, Locked-Wheel, Grip Tester, Mu-Meter, SCRIM 等多个国家的多种设备[18],应用在不同国家的 54 个试验路段进行路面抗滑性能数据采集,同时对测试设备进行了统一对比与校正,再根据试验结果提出了 PIARC 模型。

在 PIARC 模型中,使用国际摩擦指数(International Friction Index,IFI)来表征路面抗滑性能,其中涉及速度数 S_p 和标准速度摩阻数 F_{60} 的计算。

速度数 S_p 表达式为

$$S_p = a + b \cdot T_x \tag{1-3}$$

式中:T_x 为路表构造参数,其值与路面宏观纹理相关;a 和 b 为回归系数。

对于光滑轮胎,标准速度摩阻数 F_{60} 的表达式为

$$F_{60} = A + B \cdot FR_{60} \tag{1-4}$$

对于花纹轮胎,标准速度摩阻数 F_{60} 的表达式为

$$F_{60} = A + B \cdot FR_{60} + C \cdot T_x \tag{1-5}$$

式中:A、B 和 C 为回归系数;FR_{60} 为等效摩擦系数,其计算式为

$$FR_{60} = FRS \cdot \exp[(S-60)/S] \tag{1-6}$$

式中:S 为测试轮胎的滑移速度,FRS 为滑移速度 S 对应的摩擦系数。

综合式(1-3)~式(1-6),国际摩擦指数 IFI 的表达式为

$$\text{IFI}(F_{60}, S_p) = F_{60} \cdot \exp[(S-60)/S_p] \tag{1-7}$$

在传统路面抗滑性能预测模型中,PIARC 模型为路面抗滑性能评价提供了统一的指标,同时被纳入中国抗滑设计规范[18],因而得到了广泛的应用。但是,该模型的局限性也很明显。这是因为路面纹理形态丰富,往往需要通过多种指标来表征纹理构造。然而,该模型仅将 T_x 作为路面纹理表征指标,

不能全面反映路面纹理状态与路面抗滑性能之间的联系，造成了该模型的预测准确度不够。为了弥补路面抗滑性能传统预测模型的不足，国内外学者围绕路面纹理状态的特征评价展开了大量的研究工作，并以此分析路面纹理与路面抗滑性能的相关性，以期提高路面抗滑性能预测模型的准确度。

1.2.2 路面纹理状态评价研究现状

1987 年，国际道路协会在比利时布鲁塞尔召开的会议中将沥青路面纹理分为微观纹理、宏观纹理、巨型纹理和平整度四大类，如表 1-1 所示。纹理类别对路面使用性能的影响如图 1-2 所示。

表 1-1　路面纹理分类及形成原因[19]

纹理类型	纹理波长范围	振幅	形成原因
微观纹理	<0.5 mm	1~500 μm	水泥砂浆、沥青胶浆和骨料表面的微观构造特性
宏观纹理	0.5~50 mm	0.1~20 mm	级配、骨料粒径、骨料形状以及路表刻槽等
巨型纹理	50~500 mm	0.1~50 mm	错台、坑槽等
平整度	>500 mm	>50 mm	路面沉降、水损害、冻胀等

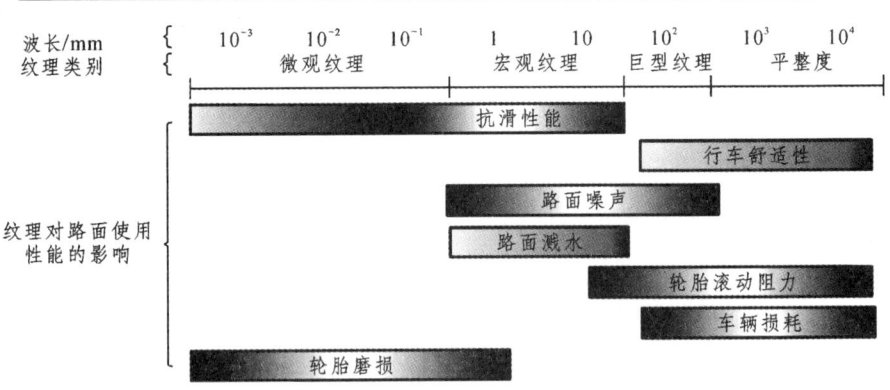

图 1-2　不同纹理对路面使用性能的影响[20]

注：亮度越暗则说明该纹理类别的影响越明显。

在道路工程中，传统的路面纹理特征评价指标是基于宏观纹理的 MTD 和 MPD。MTD 一般采用体积法测得，该方法通过测量已知体积的砂子摊铺成圆形以后的面积得出 MTD 值。MPD 的测量方法一般为激光断面扫描法，通过计算路面轮廓断面深度值得出路面 MPD 值[21,22]。随着图像采集设备的更新换代以及图像处理技术的发展，基于路面图像处理的路面纹理表征方法得到了长足的发展。

20 世纪中叶，英国的道路研究机构就提出利用路面纹理二维图像来分析路面纹理形貌构造并认为路面抗滑性能与之存在关联[23]。后来，Schonfeld 等[24]使用两个相机拍摄同一路面区域的二维图像从而获得路面三维信息，通过高度、宽度、角度、分布、矩阵相关的粗糙度来表征路面纹理信息，通过图像分类的方法来识别路面并将路面纹理与路面抗滑性能测试设备的累计试验结果相关联。该研究指出，路面的三维信息可用于检测路面湿滑情况，具备替代抗滑测试设备的潜力。Neaylon 等[25]使用胶片摄影技术采集雾封层表面纹理和骨料排列方向图像，再利用航空摄影制作等高线的方法将图像从二维转换到三维。研究指出，路面三维图像处理技术具备现场、快速的特点，在路面使用性能评价领域具备广泛的应用前景。

王端宜等[26]利用普通数码相机获取路面纹理信息，评价测量路面 MTD，并与铺砂法结果进行了对比，研究结果表明该方法易操作、成本低、精度高，具备应用前景。Ben[27]通过给照相机提供三个不同光源，从而获得路面同一区域的纹理图像，并基于朗伯体模型和路面灰度图像重构了路面三维纹理信息，发现测试结果与激光扫描仪测试结果可以较好吻合。Maerz[28]通过集料图像分析系统（Aggregate Imaging System，AIMS）将集料形状特征化，通过颗粒棱角、构成和表面纹理的特征来评价集料的形貌构造，并自动获得每个集料颗粒的图像。Anis 等[29]在 Ben[27]的研究基础上获得了路面三维纹理信息，并通过面几何和图像频域分析来表征路面粗糙度。Pidwerbesky 等[30]应用数字图形成像方法测量了沥青碎石封层的表面构造特性，基于数字图像处理技术和信息论方法量化了同一测试点的铺砂法结果与数字图像的快速傅里叶变换之间的关系，研究结果认为两者之间存在着明显的相关性。

基于现场实测三维高精度纹理数据的沥青路面抗滑性能预测研究

汪海年[31]自行研发了粗集料形态特征分析系统，通过轴向系数、圆度等指标定量评价了粗集料的形状、棱角特征，并运用计算机图像处理方法评价了粗集料级配特征，认为室内机械筛分级配与图像级配之间的平均误差小于5%。Shalaby 等[32]在暗室中从不同角度照射路面纹理待测区域，获得不低于三张图像，利用纹理表面的亮度值计算纹理倾斜度，将其合并以获取纹理高度和宏观尺度下的三维路面纹理信息，通过图像功率谱能量来表征路面纹理构造特性。

曹平等[33]基于激光三角法提出了路面宏观纹理断面轮廓曲线的处理方法，认为沥青路面纹理宏观构造的高度、间距、尖锐度和综合特征可用来表征路面形貌构造，发现纹理宏观构造和微观构造对沥青路面抗滑性能的影响机制随着路面湿润程度的变化而改变。Remondino 等[34]对当时的图像三维重构技术进行了总结，方法包括：面匹配法（Area Based Matching，ABM），阴影深度法（Depth From Shading，DFS），图像渲染法（Image Based Rendering，IBR），特征匹配法（Feature Based Matching，FBM），以及多重图像几何约束匹配法（Multiphoto Geometrically Constrained matching，MPGC）等。美国ASTM/E57 三维成像系统技术委员会也针对三维成像系统相关问题开发了相应的标准术语、测试方法、实践指南和数据互动说明。

Christian 等[35]提供了一种沥青路面坑槽的自动检测技术，首先基于直方图阈值法将图像划分为有病害区和无病害区，再根据病害区域的几何特征，利用形态学和椭圆回归法来近似模拟潜在的坑槽形状，随后提取潜在病害区域内部的纹理与周围无病害区域的纹理做比较，以确定模拟的坑槽形状是否与真实状态相符合，结果表明该方法对沥青路面图像的坑槽检测效果良好。Wang等[36]和 Ueckermann 等[37]通过谱分析方法研究了花岗岩碎石表面的微观纹理状态，结果表明微观纹理与纹理打磨方法、初始粗糙度以及花岗岩的矿料组成有关，并使用波度和线性功率密度解释了微观纹理对花岗岩碎石抗滑性能的贡献；使用着色白光传感器采集路面纹理图像，通过二维功率谱密度描述路面纹理状态，基于Persson方法分析了路面纹理与路面抗滑性能的关联性。Serigos 等[38]通过 CT Meter 获取路面宏观纹理的 MPD 值，使用 LTS 扫描仪获取路面微观纹理信息，通过功率谱密度来表征微观纹理，认为路面的抗滑性能与宏观纹理和微观纹理的综合作用有关。宋永朝等[39]提出了一种基于数字图像处理技术的露石表面纹理构造分析方法，该方法通过数码相机拍摄获取露石表面纹理构造特征，利用像素空间曲面模型计算露石纹理 MTD，运用图像形态学理论分析露石表面二值图像中纹理构造上凸区域的形貌特征，分析了该特征与露石表面抗滑性能的相关性，认为两者之间存在着近似抛物曲线的关系。

刘亚敏[40]自主研发了沥青路面表面构造测试仪，基于漫反射模型和红、蓝、绿二维图像，通过全局积分技术重建了沥青路面三维 RGB 图像，并计算了路面纹理分形维数和路面宏观构造以评价路面抗滑性能。苗英豪等[41,42]使用采样间距为 1.067 1 mm 的激光断面轮廓扫描仪针对多种路面类型，如普通沥青混凝土、沥青玛蹄脂碎石、开级配抗滑磨耗层、微表处和稀浆封层等，采集了路面宏观纹理信息，基于 MPD、驼峰度、平均斜率等多重路面纹理特征描述路面形貌构造，通过多元回归分析证明路面抗滑性能与路面纹理指标存在着二次多项式关系；通过路面宏观纹理灰度差异矩阵特征评价了路面纹理状态，认为该方法描述了路面宏观纹理的高度差异和局部平均高度差，具备解释路面抗滑性能的潜力。段跃华等[43]基于工业 CT 断层扫描技术获取混凝土骨料颗粒形貌构造特征，通过球面函数对骨料的三维表面进行调和变换，测定了骨料颗粒的 L、W 维度，根据骨料级配和粒径范围确定了虚拟筛孔的最佳控制平面，较为准确地实现了不同粒径骨料的三维虚拟筛分；利用分形维度计算的小岛法描述了粗骨料的分形特性以及沥青混合料孔隙在荷载作用下的分形特性。

近年来，路面纹理状态技术有着快速的提升，研究人员开始尝试引进机械制造领域常用的产品表观质量评价标准来表征路面纹理特性。Zaniga-Garcia 等[8, 44]通过线扫描相机获取路面纹理信息，通过滤波技术将纹理数据按照宏观和微观进行分类，并发现宏观纹理中的 MPD、最大高度、偏斜度和峰度，微观纹理中的 MPD、最大高度、平均高度、两点斜率方差、六点斜率方差与路面抗滑性能关系密切。陈德等[45, 46]利用数据处理方法分析图像信息，将复杂信号分解为较简单信号,针对沥青混合料表面的二维形貌构造研发了相应的测试评价系统,认为倍频程指数中的宏观构造 0.5~50 mm 特征波长和微观构造 0.125~0.5 mm 特征波长与滑动摩擦系数存在显著相关性,可以准确描述沥青混合料的路面抗滑性能。王元元[47]则认为 MTD、轮廓单峰平均间距、轮廓偏斜度、轮廓均方根波长可在宏观和微观层面表征路面纹理特性,而三维分形维数在表征路面宏观纹理构造时具备实用性,驼峰度和表观各向异性度适用于评价路面微观纹理构造;并且发现二维纹理信息指标难以与路面抗滑性能建立较好的回归效果,而基于 IFI 评价体系建立的三维形貌特性可以直接评价路面抗滑性能。Li 等[48]通过 PaveVision 3D 路面成像系统在高速行驶状态下采集了 1 mm 精度的路面三维纹理数据,认为 MPD 和偏斜度、空间参数中的纹理长宽比、功能参数中的表面支承指数与路面抗滑性能联系紧密。由于区域三维参数在工业领域的广泛应用[49],在 Li 等[50]和 Yang 等[51]的研究中,使用精度为 0.05 mm 的 LS-40 便携式三维表面分析仪采集路面纹理数据,通过区域三维参数体系来表征路面宏观纹理构造,认为其高度参数中的偏斜度、体积参数的核支承体积、特征参数的峰密度与路面抗滑性能有着显著的关联,但是建立的分析模型在解释路面抗滑性能方面还有待进一步提高。

可以发现,路面纹理检测方法经历了从人工检测、低效率、低精度到自动化、智能化、高效率、高精度的转变。按照与路面接触形式分类,路面纹理检测方法大致可分为接触式检测法和非接触式检测法。

(1)接触式检测法。

目前,常用的路面纹理接触式检测法有铺砂法、渗水仪法和接触式表面粗糙度轮廓仪。铺砂法通过测量 MTD 来评价路表宏观粗糙度,选用 0.15~0.30 mm 的细砂,将砂子倒在路面上,用底面粘有橡胶的薄片将砂子平铺为圆饼状,使得路面开口孔隙被砂子填满,如图 1-3 所示。砂子的用量除以圆饼面积即为 MTD 值[104]。渗水仪法同样用于测量路面宏观纹理构造,该方法将固定量的水注入一个玻璃量筒中,要求该量筒封闭且带有橡胶底座,将仪器置于待测路段,打开水阀后,水的流出时间将随着路面宏观纹理构造的变化而变化,再通过水的流出计时来判断路面宏观纹理构造状况[105]。铺砂法和渗水仪法的优点在于方便操作、方法成熟、使用成本低等。但是这类检测方法也存在明显的缺点，比如主观性太强、测量数据粗放、效率低、测试结果可重复性差，路面纹理的局部细节特征无法得到形象直观的反映，导致其使用效果有限。

（a）试验砂平铺　　　　　　　　（b）圆饼面积测量

图 1-3　铺砂法[106]

接触式表面粗糙度轮廓仪采用触针法，将尖锐的金刚石触针沿被测表面缓慢滑行，金刚石触针也随着被测表面轮廓形状的变化而发生上下起伏运动，触针的上下运动被位移传感器感知，并通过电信号的形式将工作表面粗糙度参数值在仪表显示界面呈现出来。其测量范围在高度方向可达 40 mm，精度为 0.07 μm 这种物理接触式的表面粗糙度轮廓测量系统具有原理简单、测量结果直观、精度较高、数据可重复性好、测量范围大等优点。然而，该设备的缺点也很明显，在实际使用过程中存在如下问题[107]：（1）该设备属于二维直线式测量，难以得到三维立体的纹理表面轮廓信息；（2）微型探针的硬度一般很高，在划过被检测物体表面时，探针与被检物体接触面易留下划痕，不满足路面纹理测量的无损要求；（3）仪器笨重，检测精度受限于触针数量，触针容易磨损，测试速度受限，无法满足路面现场检测便携性、大数据量、高效率的需求。

（2）非接触式检测法。

非接触式检测法通过图像传感器对特定范围的实物进行扫描，以提取和计算路面形貌表征参数，从而获得路面纹理特征信息。该方法操作方便，采集速度快，结果直观形象，且对被测对象干扰小，因而成为路面纹理信息采集的主要方法。随着传感器技术的发展，人们逐步将激光成像原理应用于路面图像数据采集中。目前，常用的路面纹理激光扫描仪器有圆形表面构造扫描仪（Circular Texture Meter）和线阵激光断面扫描仪。这两种仪器主要用于检测路面纹理的平均断面深度（Mean Profile Depth，MPD）[104,108]，将激光成像获得的路面纵断面平分成两段，取各自段落内最高峰值的平均值与中线高度的差值即为平均断面深度。

圆形表面构造测试仪通过 CCD 激光位移传感器获得路面宏观纹理点云数据，如图 1-4（a）所示。测量断面周长为 892 mm，采样点数为 1 024，数据精度为 0.87 mm，可以分成 8 部分，每部分的 MPD 都可以测量得出，如图 1-4（b）所示。图中 A 和 E 部分表示平行车辆行驶方向的纹理；C 和 G 表示垂直车辆行驶方向的纹理；B、F 和 D、H 的平均值表示行驶方向 45°的 MPD，对 A 到 H 部分的 MPD 值取平均数则可得整个断面的 MPD 值。

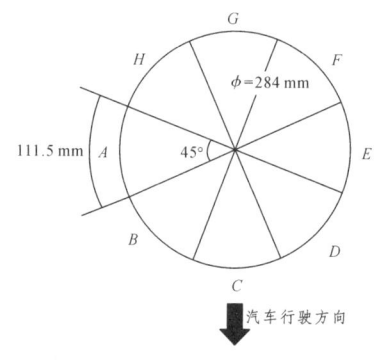

（a）外观展示　　　　　　　　（b）测量区域示意

图 1-4　圆形表面构造测试仪[108]

激光断面扫描仪（见图 1-5）同样使用 CCD 激光位移器获得路面的宏观纹理点云数据，数据精度一般为 1 mm。该仪器一般安装在汽车横梁上，在设备工作时不干扰交通运行。按照 ASTM E1845 规范的要求，测试路段的轮廓断面被划分为若干段落，每一段落的起点至终点距离为 100 mm。各段落又被分为两部分，测出每部分的峰值点。两部分峰值点和平均水平线的差值都可以计算出来，所得数值即为 MPD。

图 1-5　激光断面扫描仪

参考表 1-1 可知，路面微观纹理波长小于 0.5 mm，而上述圆形表面构造测试仪与激光断面扫描仪的数据精度最多只能达到 0.87 mm，因此这两种设备采集的数据只能反映路面的宏观纹理信息而不能反映路面纹理的微观细节。

可以发现，路面纹理状态的评价指标越来越丰富与多元化，研究人员已经不满足于通过传统的 MTD、MPD 和二维纹理特征评价方法来表征路面纹理构造，而倾向于使用三维纹理特征来表征路面纹理状态。并且，随着图像分析处理技术的发展，路面纹理数据的采集更趋向于使用非接触检测方法。然而，尽管有人基于高精度路面纹理数据和新型的三维表征参数体系来预测了路面抗滑性能，其采用的预测模型却过于简单从而未能充分解释路面三维纹理特征与路面抗滑性能的内在联系，导致模型预测准确度不够[50]。因此，为了进一步阐明纹理构造对路面抗滑性能的影响机理，需要基于高精度路面纹理数据和三维表征参数体系，从路面抗滑性能预测模型角度展开研究。

1.2.3　轮胎滑水模型研究现状

在基于纹理特征的路面抗滑性能预测模型研究中，通常将路面纹理特征值作为自变量，路面摩擦测试结果作为响应变量进行分析。虽然该研究可以很好地解释路面纹理与路面抗滑性能之间的关系，但是却局限于特定路面摩擦测试设备所采集的数据，并不能广泛地反映轮胎、水膜等因素对路面抗滑性能的影响。因此，作为该方法的有效补充，研究人员建立了轮胎滑水模型以预测路面抗滑性能。轮胎滑水模型对轮胎、水膜、路面的相互作用关系进行仿真，是轮胎模型、水膜模型、路面模型三者耦合的结果，可反映复杂环境条件下轮胎在行驶过程中受到的阻力，从而准确评价路面抗滑性能。本节通过介绍轮胎模型以及轮胎-水膜-路面耦合作用模型的研究进展，来阐述轮胎滑水模型的研究现状。

（1）轮胎模型研究进展。

20 世纪 50 年代到 90 年代，国外学者对轮胎模型进行了深入的研究。Fiala[52]与 Frank[53]提出将轮胎模型简化为受到侧向集中力作用的弹性支撑梁或者弹性支撑上无限长的梁的一部分，考虑了轮胎受到竖向荷载而弯曲的特点，从而阐述了轮胎侧向力、回正力矩、侧偏角以及外倾角之间的内在联系。Willumeit 等[54]使用无质量的圆环表征胎体，胎冠被描述为可变形体并与圆环相连，从而提出了"胎体-胎侧-轮辋"模型，Sharp 等[55]认为轮胎完全由径向轮辐组成，通过线弹性本构关系表征轮辐的力学特性以后，轮辐顶部和后面的作用反力也可随之被计算出。Pacejka 等[56]进行了轮胎的静力和动力学理论分析以及试验研究，提出使用受拉伸弦模型来表示轮胎胎体，准确模拟了轮胎的充气受力过程和接地印迹。在弦模型基础上，Pacejka 等又提出了魔术公式模型（Magic Formula），将轮胎力学试验数据表达为一系列三角函数的线性组合，从而完整描述了轮胎的各项力学特性。Gim[58]通过"相互作用弹簧"概念将轮胎简化为三维弹簧系统，假设轮胎与地面的接触面积为矩形，利用轮胎-路面相互作用的微元，求解轮胎在外倾、侧偏和纵滑综合作用下的力学响应。

Pacejka 魔术公式和 Gim 轮胎模型都是半经验半理论模型，其优点在于公式简单、不需要试验数据拟合就能体现轮胎受力特性且通用性强，在汽车工业领域得到了广泛的应用。Lidner 等[59]将魔术公式应用到了新车研发到使用的所有阶段，通过示例和测试结果证明了该模型的广泛适用性，介绍了该模型在不同仿真程序中的实现以及根据试验结果获得模型参数的过程，并探讨了模型参数的变化对车辆动态响应的影响。Schmeitz 等[60]和 Besselink 等[61]改进了魔术公式模型，计算了不同充气压力下的轮胎力学特性，对轮胎稳态运动状态的纵向力和回正力矩进行了探讨，结果表明改进的 Pacejka 魔术公式可以分析充气压力变化对轮胎准静态力、负载半径、力矩特性以及轮胎包络性能的影响。Cabrera 等[62]使用遗传算法对魔术公式的参数进行优化，对不同工况下轮胎的侧向力、纵向力、回转力矩进行计算，并与传统的方法进行比较，发现该优化算法简单易用、收敛性较好，优化后的 Pacejka 魔术公式只需要少量的轮胎模型参数就可以较好地吻合试验结果。

从 20 世纪 90 年代开始，国内学者逐步加入到轮胎模型的研究和开发中来。Guo 等[63]使用轮胎半经验模型描述了轮胎六分力与车轮运动参数之间的数学关系，通过函数模型描述了轮胎结构组成及其部件变形特性，并在针对轮胎爆胎现象的研究中，仿真分析了汽车发生爆胎以后的动力学响应，对应急状态下轮胎的脱圈阻力、侧偏刚度、轮胎滚动阻力进行了讨论。徐学进[65]应用魔术公式建立了基于水平路面的 11 自由度整车模型，精确计算了整车侧滑工况下的轮胎侧向力、制动力和回正力矩。高超等[66]通过轮胎的 8 自由度动力学模型描述了轮胎纵向与横向移动、横摆、侧倾特性和车轮的转动特性，讨论了轮胎侧偏角与侧向力的相互影响。孙银健[67]基于几何追踪方法和模型预测方法研究了无人车运动轨迹，在 Simulink/Carsim 联合仿真平台考虑了 6 自由度车辆动力学模型和魔术公式轮胎模型，提出了具备鲁棒性和适应性的无人驾驶车辆轨迹跟踪控制算法，并通过双移线试验分析了该算法的仿真效果与跟踪性能。周卫琪等[68]则利用无迹卡尔曼滤波与遗传算法优化了魔术公式，对行驶中的轮胎纵向和侧向速度、轮胎力及质心侧偏角进行了估计，解释了不同参数条件下的轮胎力学响应。

随着高性能计算机的普及和有限元理论的革新，研究人员尝试通过有限元法来模拟轮胎的受力状态和力学响应并取得了不错的成绩，从而缩短了轮胎的研发周期并节约了成本。Kung 等[69]建立了 12 自由度几何非线性双弯曲薄壳有限元模型来研究充气轮胎的固有频率和振型。Ebbott 等[70]在轮胎有限元模型中考虑了基于应变、温度、频率表征的橡胶材料刚度和损耗特性，通过热耦合方法预测了轮胎的滚动阻力和温度分布。Brinkmeier 等[71]建立了轮胎-路面相互作用有限元模型，将求解过程分解为非线性稳态滚动阶段、变形状态下的特征值分析及声发射计算三个阶段，研究了各种参数对轮胎噪声的影响。Xia[72]建立了越野车轮胎-地形相互作用有限元模型，通过 Drucker-Prager/Cap 模型来表征土壤的压实效应，开发了轮胎橡胶近似不可压缩超弹性本构关系模型子程序，采用大变形非线性分析方法来描述轮胎结构变化，使用土壤弹塑性模型计算轮胎瞬时冲击作用引起的土壤瞬态空间密度，为预测越野车行进中的土壤压实度和轮胎机动性能提供了借鉴。危银涛等[73,74]在轮胎振动模态分析中使用三维环模型分析了轮胎的面外扭转和弯曲振动，并将模型的振动区域分为面内和面外，基于改进一阶摄动法的模态展开法得到了两个区域固有频率的解析解；使用改进的 Yeoh 模型来表征轮胎橡胶的超弹性特性，准确模拟了轮胎橡胶在单轴、平面和等双轴拉伸-压缩试验条件下的应力–应变关系。王国林等[75]利用 ABAQUS 软件模拟了全钢载重子午线轮胎的成型过程及其湿滑特性，为该类型轮胎的结构设计和施工设计提供了指导。臧孟炎等[76,77]将离散元与有限元方法相结合，研究了轮胎带束层、冠带层和三角胶变形特性与轮胎侧偏特性的关系；建立了轮胎-沙地相互作用有限元模型，通过试验对比验证了该方法的可行性。

由上可知，有限元方法为轮胎的设计和制造提供了新的思路，可模拟复杂环境条件下的轮胎力学响应，是传统的半经验半理论模型的有效补充。而轮胎与路面的相互作用关系，也可以通过有限元方法进行精确的模拟，并进一步计算出不同温度、不同湿度、不同路况条件下的轮胎力学特性。因此，轮胎有限元模型的深入研究，为轮胎-水膜-路面耦合作用模型的研究奠定了基础。

（2）轮胎-水膜-路面耦合作用模型研究进展。

轮胎行驶过程中受到的滑动阻力与法向荷载之比被称为轮胎附着系数[78]。为了研究车辆在路面湿滑条件下的行车风险，研究人员借助轮胎-水膜-路面相互作用有限元模型模拟轮胎在湿滑路面的运行状态，通过分析轮胎的力学

1 绪论

响应来计算轮胎的附着系数,以评估和预测路面抗滑性能。Cho 等[79]建立了带花纹轮胎滑水有限元模型,模拟了轮胎冲击作用下水流快速流过轮胎花纹的过程,解释了胎面花纹提升轮胎附着系数的作用机理。何涛、李子然等[80,81]基于弹性力学平面应变状态分析了轮胎花纹二维精细网格模型,描述了轮胎滑动过程中前端表面发生卷曲从而产生大变形以及自接触的现象,沿着胎面二维花纹周向分析了轮胎磨损的不规则特征;基于组合类保角映射簇建模法考察了胎面花纹形态对轮胎附着系数的影响。王国林等[82]探讨了轮胎花纹沟的排水问题,从水流流速角度解释了带花纹轮胎滑水产生的机理。臧孟炎等[83,84]建立了轮胎-水膜-路面相互作用模型并针对多种因素设计正交试验,探讨了各因素对轮胎附着系数影响的显著性,为优化轮胎的附着性能提供了设计依据;使用任意拉格朗日方法耦合轮胎与水膜,描述了轮胎从启动到滑水失稳的整个过程,使用轮胎滑水经验公式验证了轮胎-水膜-路面流固耦合仿真结果。

Wang 等[85]使用指数衰减摩擦模型描述轮胎与路面的界面接触关系,分析了不同摩擦系数对轮胎接地印迹和接触反力的影响;建立了轮胎-水膜-路面相互作用有限元模型,分析了路面纹理构造、路面几何线形、路面材料类型与轮胎附着系数的联系。杨旭东等[87]建立了带刻槽的干燥混凝土路面有限元模型,探讨了刻槽几何尺寸对轮胎附着系数的影响。杨军等[88]以刹车速度线性递减为对照,认为在干燥路表状态下,车辆减速度非线性变化与线性变化之间差别不大。在潮湿状态下,应考虑车辆减速度非线性变化对车辆制动性能的影响[78];使用 IFS 插值模拟了沥青路面特征,分析了车速、胎压、水膜厚度、MPD 对路面附着系数的影响[88]。Srirangam[16]通过 CT 扫描沥青混合料马歇尔试件得到了高精度路面有限元模型,并建立了 PIARC 光面轮胎与三维实际路面的相互作用有限元模型,从能量滞后损失的角度分析了轮胎附着系数的影响因素。黄晓明等[89]根据能量守恒定理建立了轮胎-水膜-路面有限元模型,分析了轮胎部分滑水导致附着系数降低的情况,认为轮胎附着系数在低速行驶时与水膜厚度显著相关,在高速行驶时与轮胎行驶速度显著相关;将轮胎的运动分为自由滚动工况和紧急制动工况,分析了两种工况下轮

基于现场实测三维高精度纹理数据的沥青路面抗滑性能预测研究

胎与路面之间界面摩擦系数的取值对胎面变形特性的影响，进一步探讨了路表在两种工况下的应变状态并描述了轮胎接地应力分布形式[90]；综合考虑了轮胎、水膜和三维路面的相互作用关系，建立了轮胎动力滑水有限元分析模型，通过回归分析得到了特定行驶速度下的路表滑水临界水膜厚度[91]；建立了带刻槽的潮湿混凝土路面滑水模型，认为在轮胎滑水瞬间，轮胎与地面脱离接触，流体对轮胎的竖向作用力与轮胎竖向荷载相当，此时的轮胎行驶速度即为临界滑水速度[92]；通过 HOLON 3DS 三维光学扫描仪获得路面纹理三维表面信息，建立了轮胎-水膜-三维路面相互作用模型，以 MPD、水膜厚度、轮胎花纹和充气压力为影响因素，考虑了各因素对轮胎附着系数的影响[15]。

可以看出，轮胎滑水模型充分反映了轮胎、水膜、路面的耦合作用关系，基于轮胎滑水模型的路面抗滑性能预测方法已经被广大学者所采用。然而，由于路面抗滑性能数据通常需要特定设备采集获得，而道路交通事故现场往往缺乏相应设备，因此，也常常通过观察现场的轮胎刹车距离来评判事故发生的原因并将其作为初步的责任判定依据[93]。鉴于此，轮胎刹车距离也被作为路面抗滑性能的评价依据。杨军等[78]以刹车速度非线性递减为前提，计算了轮胎在路面在干燥和潮湿状态下的刹车距离。臧孟炎等[94-96]也通过能量方法计算了轮胎制动过程中摩擦所致的热量损失，以此为依据计算了汽车的制动时间和刹车距离；对配有 ABS 系统的汽车在湿滑路面上的刹车距离进行了仿真研究获得了轮胎的刹车距离和制动时间；基于 ABAQUS 软件探讨了多类型胎面花纹和不同材质橡胶胎面在特定水膜厚度、不同行驶速度状态下的轮胎制动特性。另外，由于 AASHTO 规范的路面抗滑性能数据主要通过锁轮型摩擦测试仪获得，因此 ONG、Fwa 等[6,97-101]建立了锁轮型摩擦测试仪轮胎滑水模型，模拟了 ASTM E524 光面轮胎-水膜-路面的相互作用关系，分析了轮胎瞬态冲击作用下的水流大变形特性，通过 NASA 滑水公式校核了 ASTM E524 轮胎材料参数，反算了轮胎不同滑动速度对应的附着系数，根据 AASHTO 轮胎刹车距离公式计算了轮胎在不同刹车速度对应的刹车距离。该模型后来也被称为 NUS（National University of Singapore）模型[102]，它使得研究人员可以通过有限元模型仿真分析出任意车速、任意水膜厚度对应的轮胎刹车距离，为评估车辆在湿滑路面的行车风险提供了强有力的工具。

NUS 模型的优点主要在于其获得了 AASHTO 规范的支持，从而具备广泛的应用前景。然而，其局限性也很明显：轮胎刹车距离的计算与附着系数有关，该系数又与路面纹理状态紧密联系[103]，所以轮胎刹车距离与路面纹理状态存在着天然的关联性，而 NUS 模型还不能反映路面纹理与轮胎刹车距离的关系，这就使得工程人员无法通过现场路面纹理状态来提前预报轮胎的刹车距离。因此，为了进一步揭示纹理构造对轮胎刹车距离的影响机理，可以基于 NUS 模型计算 ASTM E524 轮胎的刹车距离，再评价三维纹理表征参数与轮胎刹车距离的关联性，从而为基于路面三维纹理特征的轮胎刹车距离预测方法提供借鉴。

另外，虽然现有的研究在进行轮胎与路面相互作用关系分析时建立了三维路面仿真模型，但是轮胎橡胶块与三维路面接触界面摩擦值的设定并没有参考标准。因此，鉴于路面纹理特征与路面抗滑性能存在着密切的联系，可以尝试基于三维纹理表征参数来预测界面摩擦值，从而为轮胎与路面纹理相互作用有限元模型提供界面摩擦输入参考值。

1.3 研究内容与技术路线

综上所述，针对现有研究的不足，本书在分析总结国内外相关研究工作的基础上，依托美国俄克拉何马州 LTPP SPS-10 项目，使用数据精度为 0.05 mm 的 LS-40 便携式三维表面分析仪现场实测三维纹理数据，使用 DFT 测试仪采集路面摩擦数据，基于区域三维纹理表征参数评价路面纹理构造。针对现有研究基于区域三维纹理表征参数预测路面抗滑性能准确度不够的问题，通过机器学习方法建立路面摩擦预测模型，提高模型预测的准确度。针对轮胎橡胶块与三维路面接触界面摩擦值的选取没有参考标准的问题，将有限元方法与数据统计方法相结合，探讨基于三维纹理表征参数的界面摩擦预测模型。针对不能通过 NUS 模型建立基于路面纹理状态的轮胎刹车距离预测模型的问题，建立轮胎有限元模型，通过人工神经网络方法建立轮胎刹车距离预测模型，分析路面纹理与轮胎刹车距离之间的内在联系。上述研究内容可以补充路面纹理评价手段以及路面抗滑性能预测手段，从而为基于路面三维纹理特征的非接触式沥青路面抗滑性能评价方法提供参考。

本书的主要研究内容包括：

（1）分析典型路面纹理检测方法与路面抗滑性能测试方法的特点，使用路面区域三维纹理表征参数体系评价沥青路面纹理状态；通过 LS-40 便携式三维表面分析仪采集现场高精度路面三维纹理点云数据，通过 DFT 测试仪采集不同滑动速度对应的路面摩擦数据，数据采集工作分三年完成，为研究（2）、研究（3）和研究（4）提供了样本数据支持。探讨了区域三维纹理表征参数中的三参数、多参数与路面摩擦数据之间的相关性，为研究（2）提供了基础。

（2）根据区域三维纹理表征参数与路面摩擦数据之间存在非线性关系的特点，分别通过人工神经网络方法和支持向量机回归方法建立路面抗滑性能预测模型，使用多个区域三维纹理表征参数预测 DFT 测试仪在高速与低速运行状态下测得的路面摩擦值，对比分析人工神经网络模型和支持向量机回归模型的预测性能，从解释能力、预测精度、计算效率角度出发评价模型的优劣。该研究验证了基于区域三维纹理表征参数预测路面抗滑性能的可行性，为研究（3）和研究（4）提供了基础。

（3）开发基于现场高精度路面三维纹理点云数据的路面三维重构仿真模型，依据 DFT 测试仪的工作原理，建立橡胶块-三维路面相互作用有限元模型，反算橡胶块-三维路面相互作用界面的摩擦系数，将路面纹理分离成宏观纹理与微观纹理，分别于宏观和微观层面评价三维纹理表征参数之间的关联性，建立界面摩擦系数预测模型，并讨论界面摩擦系数以及橡胶材料模型对路面抗滑性能的影响规律。该研究通过有限元方法将路面因素和车辆因素中的路面纹理和橡胶材料结合起来，充分展示了界面摩擦参数与路面抗滑性能之间的关系，为研究（4）基于路面摩擦值计算轮胎刹车距离提供了思路。

（4）为计算轮胎刹车距离，建立 ASTM E524 轮胎二维、三维有限元模型，通过静载试验仿真验证轮胎模型并反算轮胎橡胶材料模量，建立 ASTM

E524 轮胎-水膜-路面流固耦合模型并通过能量守恒、水流印迹以及 NASA 轮胎滑水经验公式进行验证；以 DFT 测试仪采集的路面摩擦数据为输入参数计算了轮胎附着系数，并通过轮胎刹车距离计算公式和附着系数计算轮胎刹车距离，建立基于路面区域三维纹理表征参数的轮胎刹车距离人工神经网络预测模型。建立轮胎刹车距离的主成分回归模型，分析区域三维纹理表征参数与轮胎刹车距离之间的关联性。本书在刹车距离计算和预测中综合考虑了轮胎、水膜和路面纹理特征，为建立基于车辆因素、环境因素和路面因素的路面抗滑性能评价模型提供参考。

根据上述内容，本书的总体技术路线如图 1-6 所示。

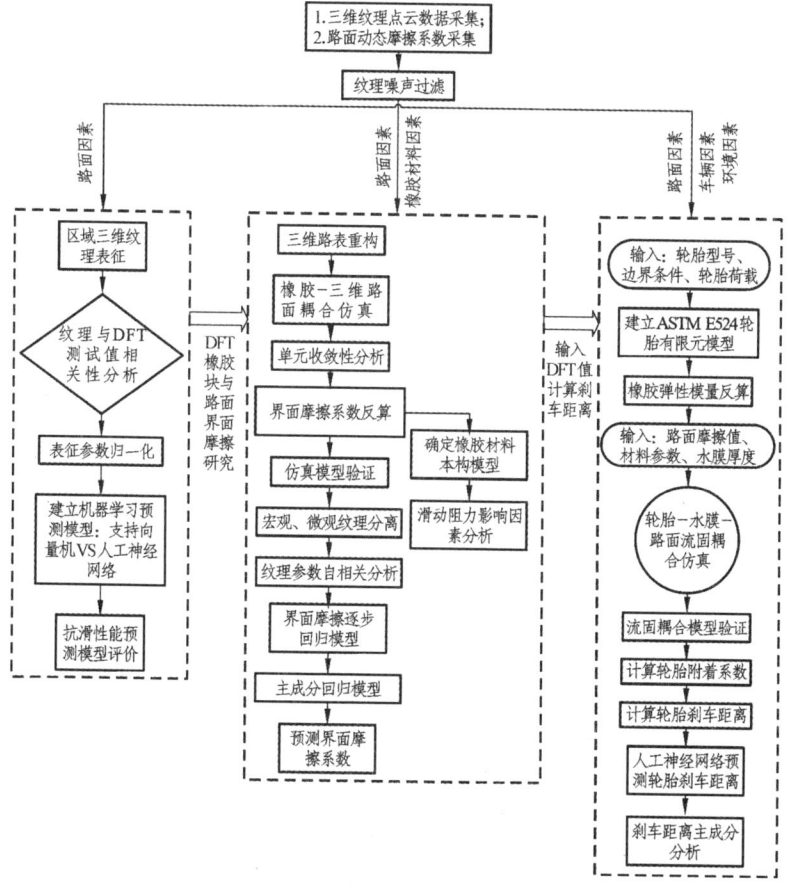

图 1-6 技术路线

纹理三维表征与路面摩擦关联性研究

基于现场实测三维高精度纹理数据的沥青路面抗滑性能预测研究

纹理与路面抗滑性能关系紧密，其影响着轮胎橡胶的变形特性，决定了路面积水的排出能力，可提升轮胎橡胶与路面的咬合度，为车辆的安全行驶提供了重要的附着力。本章主要介绍路面纹理的接触式检测法和非接触式检测法，提出采用数据精度为 0.05 mm 的 LS-40 便携式三维表面分析仪采集路面纹理三维点云数据。针对传统路面纹理评价方法的缺点，提出使用新型路面区域三维纹理表征方法。阐述 DFT 测试仪和锁轮型摩擦测试仪的功能和特点，探讨参照锁轮型摩擦测试仪建立轮胎-水膜-路面耦合作用模型的可行性。通过 DFT 测试仪采集路面摩擦数据，探讨区域三维纹理表征参数与路面抗滑性能之间的关系。

2.1 路面纹理三维点云数据采集

随着现代信息技术的飞速发展，各种非接触式路面表观纹理测试设备和测试方法层出不穷，目前最具代表性的方法是基于激光三角法的激光三维扫描技术。激光三角法具备实施结构简单、测量速度快、实时处理、使用灵活等优点。激光三角法扫描的基本结构如图 2-1 所示，相机成像平面、相机镜头、激光光源、激光聚焦镜头处于相同的平面。激光器作为激光的光源，在受激辐射作用下持续稳定地输出激光束，通过聚焦镜头，激光束聚焦为一个理想的点光斑投射到被测物体表面，物体表面的激光发生散射，透过相机镜头被相机感知并捕捉成像。一般情况下，激光发射器和相机的坐标和设备安装角度是固定不变的，因此，光斑的深度位置（即光斑与光源的距离）与相机图像坐标系中的成像位置存在一一对应关系。在获取相机图像坐标系中点光斑的像素信息以后，即可通过激光几何光学的计算方法求出光斑此刻的深度坐标，从而推算出被测物体点光斑所在位置的深度信息。以此类推，如果被测物体表面有多个点光斑或者是激光点云，且都能被相机捕捉，则可以得到被测物体表面的一组深度数据。尽管激光三角法扫描原理相对简单，但是从激光器发光到相机捕捉到像点激光的整个过程，受多种光学元器件及电子电路的影响，很容易产生多种误差。因此激光三维扫描系统的研发或应用中，应保证各个元器件严格准确的几何关系,确保光学元件处于正常工作状态。激光三角扫描是当今快速、精确扫描的首选方法之一。尽管存在着系统集成复杂、后期数据显示复杂等困难,但其代表着未来发展的方向。

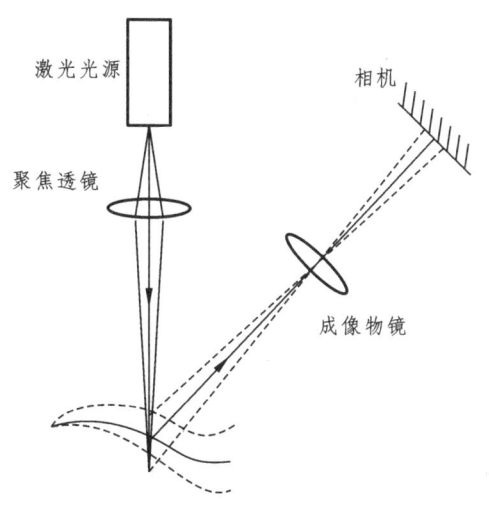

图 2-1　激光三角法扫描示意

激光三维扫描系统一般将线激光垂直投射到物体表面,采用高性能 CMOS 相机捕捉每条物体表面上的激光反射线,如图 2-2 所示。将相机的镜头经过光学过滤处理,使相机的电容像素点仅接受固定波长激光的激励。每个激光点对应唯一一个相机电容像素点,当一定数量的激光点的高程信息在相机电容上连成一条像素线时,相机将这些高度信息转化成计算机能够识别的数字信息,并传输给主机进行存储。相机每曝光一次,便采集到固定数量的激光点所反映出的相对高度信息。曝光结束,即代表完成某一条激光线的扫描。激光线上的每个激光点的相对高度信息 Δz 可表示为

$$\Delta z \approx \omega \cdot \Delta x / \sin\alpha \tag{2-1}$$

式中:Δz 为被扫描物体的高度值;ω 为标定参数;Δx 为相机电容像素点位移值;α 为相机扫射平面与激光扫射平面夹角(见图 2-3)。

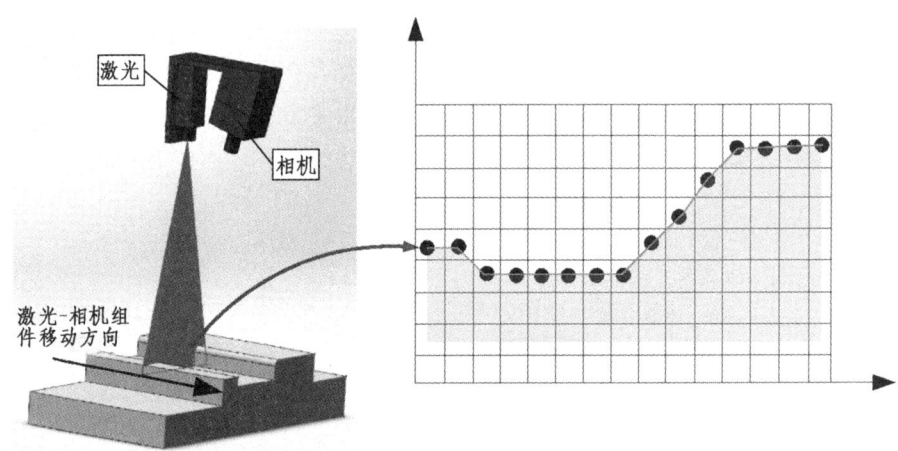

图 2-2 激光−相机组件三维成像原理示意

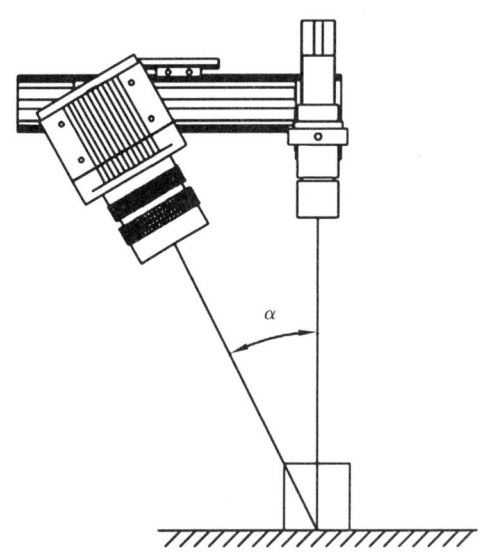

图 2-3 相机与激光的三角关系

当激光−相机沿着被扫描物体表面行进时，激光持续照亮物体表面，CMOS 相机便依据系统设置，固定间隔地收集不同时刻激光反射线的数据。将每条激光线的数据拼接起来便形成了被扫描物体表面的三维点云信息，即完成了三维扫描的全过程。应用该原理拼接的每张三维点云图像可表示为

$$3D\text{图像}=\int g(2D\text{横断面})dz \qquad (2\text{-}2)$$

式中：z 为传感器移动方向；$g(\cdot)$ 为关系到移动速度、相机标定和具体设置的函数。

为了反映路面的微观纹理信息，本研究采用了美国 HyMIT 测试设备技术公司研制的 LS-40 便携式三维表面分析仪采集路面纹理数据，如图 2-4（a）所示。该设备是目前众多新型路面纹理激光三维扫描系统中较优秀的一款设备，具备携带方便、操作简便、精度高、速度快、可靠性高的特点，可作为传统路面纹理激光扫描仪器的有效补充。其采用电池供电，可通过 USB 端口与便携式计算机相连以进行测量控制和数据采集。内置的电机平台拖动激光发射器沿着目标表面移动，一台高分辨率 CMOS 相机基于激光三角原理对激光束进行强度和高度测量以获得路面点云数据，并通过计算机显示器以二维和三维深度图像展示出来，如图 2-4（b）所示。图像参数：像素数量为 2 048（横向）× 2 448（纵向）；图像采集范围 101.6 mm（横向）× 114.3 mm（纵向）；数据采集时间 30 s/次；数据精度为 0.05 mm。

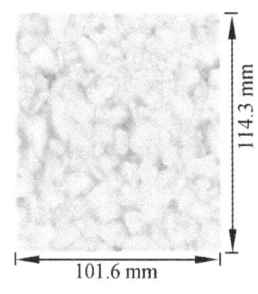

（a）工作现场　　　　　（b）三维深度

图 2-4　LS-40 便携式三维表面分析仪

由于路面宏观纹理的波长范围为 0.5~50 mm，微观纹理的波长范围为 0~0.5 mm，可知以 LS-40 便携式三维表面分析仪的数据精度，其采集的路面纹理数据可同时反映路面宏观和微观纹理信息。同时，鉴于道路工程常用的圆形表面构造测试仪与激光断面扫描仪的精度不超过 0.87 mm，也可以说 LS-40

便携式三维表面分析仪采集的路面纹理数据具备了高精度特征。

2.2 路面纹理表征指标

路面宏观纹理提高了路面排水效率,增加了轮胎与路面接触的比表面积,而路面微观纹理有助于轮胎橡胶穿透水膜,增加轮胎与路面的咬合度,因此,路面宏观和微观纹理特征可以有效表征路面的抗滑性能。MTD 和 MPD 是被广泛使用的路面纹理评价指标。但是,由于 MTD 采用接触式的 0.15~0.30 mm 的细砂来进行路面纹理构造的间接测试,而 MPD 在计算过程中仅对分成 8 部分或者 2 部分的路面纵断面峰值取平均值。这两个指标均只能反映宏观纹理特征,无法描述路面纹理的微观细节。随着路面纹理图像扫描设备精度的逐步提高,MTD 和 MPD 显然已经不能与高精度、信息丰富的路面纹理数据相匹配。而且,有研究表明,具备相似 MTD 或 MPD 的路面可能具有非常不同的纹理细节,从而会产生不同的路面抗滑性能[109]。

由于 LS-40 便携式三维表面分析仪可采集高精度路面纹理数据,因此,有必要基于高精度路面纹理数据提出新的路面纹理特征指标,以全面反映路面纹理的更多三维形貌特征。区域三维参数(3D areal surface parameters)是近年提出的一种新型的路面三维纹理表征方法。该参数体系最先应用于工业制造领域的零部件表面测量和表征,通过产品表面区域取样来反映表面三维形貌特征。该参数体系分别采用高度参数、空间参数、混合参数、体积参数及特征参数来表征物体表面纹理信息,全面真实地描述纹理的三维特征,与路面抗滑性能建立起紧密的联系[50],因此得到了广泛的关注。

(1)高度参数。

比较典型的高度参数有算术平均高度(S_a)、均方根高度(S_q),偏斜度(S_{sk})、陡峭度(S_{ku})。传统的 MPD 也算是高度参数。其中,算术平均高度用于室内测量评价交通磨损以后的路面粗糙度变化,算术平均高度和均方根高度不容易区分波峰、波谷和各种纹理特征的间距,因此算术平均高度和均方根高度指标类似的路面可能会产生不一样的抗滑性能[110,111]。S_a,S_q,

S_{sk}，S_{ku} 的定义如下[112]：

$$S_a = \frac{1}{A} \iint_A z(x,y) \mathrm{d}x \mathrm{d}y$$

$$S_q = \sqrt{\frac{1}{A} \iint_A z^2(x,y) \mathrm{d}x \mathrm{d}y}$$

$$S_k = \sqrt{\frac{1}{S_q^3} \iint_A z^3(x,y) \mathrm{d}x \mathrm{d}y}$$

$$S_{ku} = \sqrt{\frac{1}{S_q^4} \iint_A z^4(x,y) \mathrm{d}x \mathrm{d}y}$$

（2-3）

式中：A 为区域面积；$z(x,y)$ 是三维图像在 (x,y) 位置的像素高度信息。

（2）空间参数。

空间参数的计算涉及自相关函数，该函数通过相对位移评估原始曲面和复制曲面的相关性[111,112]，较为典型的有自相关长度（S_{al}），结构方位比（S_{tr}）以及纹理方向（S_{td}）。自相关长度定义了纹理表面之间的距离，以便于最小化新位置与原始位置的相关性。结构方位比是自相关长度与最慢衰减自相关函数在任意方向上的长度的比值，可用于评估表面纹理各向同性的程度。纹理方向取值在 0°~180° 之间，用以识别构成纹理表面主导层的角度方向[113]，除了可以表征电磁辐射与纹理的相互作用以外，还可以表征磨损等摩擦学特性。

（3）混合参数。

混合参数同时考虑三维纹理图像的高度和间距信息[111]，包括均方根梯度（S_{dp}）和展开表面面积比（S_{dr}）。纹理的幅值和间距都可以影响到两者的取值。并且，相同粗糙程度的情况下，更宽间距的纹理会产生更低的均方根梯度（S_{dp}）和展开表面面积比（S_{dr}）。均方根梯度（S_{dp}）以及展开表面面积比（S_{dr}）可表示为

$$S_{dq} = \sqrt{\frac{1}{A} \iint \left(\frac{\partial z^2}{\partial x} + \frac{\partial z^2}{\partial y} \right) \mathrm{d}x \mathrm{d}y}$$

$$S_{dr} = \frac{\text{纹理面积} - \text{水平投影面积}}{\text{水平投影面积}}$$

（2-4）

（4）体积参数。

较为典型的体积参数包括空体积（V_v）、支承体积（V_m）、谷空体积（V_{vv}）、峰区支承体积（V_{mp}）、核空体积（V_{vc}）和核支承体积（V_{mc}），它们可以表征轮胎滚动过程中路面纹理与轮胎的接触和磨损特性。体积参数的计算与支承率相关。支承率（mr）是轮廓中任意指定深度的磨耗表面长度的百分比率。支承率表征了与轮胎相互作用下的路面三维接触面的形态。当横切面从轮廓的最高峰向下移动到最低谷，如图 2-5 所示，支承率将随着磨耗表面的增加而增加并达到 100%。图 2-6 的虚线表示支承率曲线，它是支承率从最高峰到最低谷的一条累积曲线[114]。

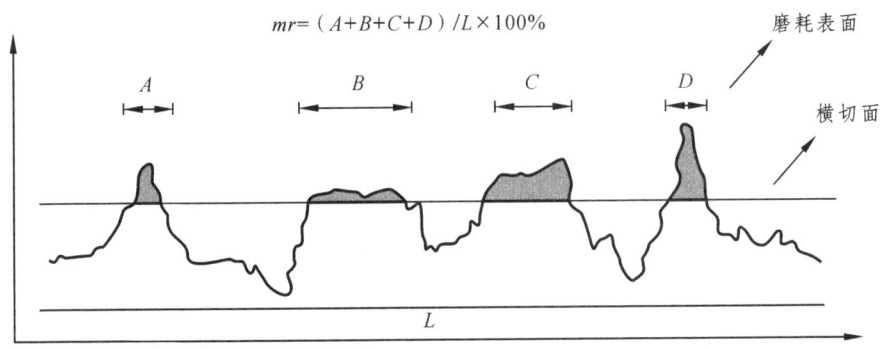

图 2-5　支承率示意

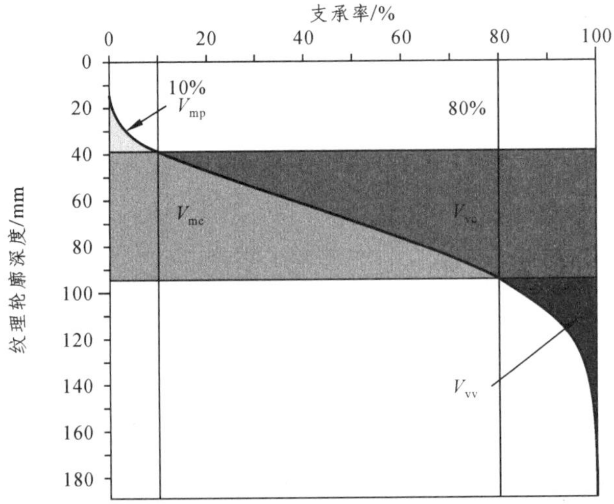

图 2-6　支承率曲线示意[114]

空体积是通过对所有横切面以下的三维纹理积分获得的，而支承体积与之相反[114]。两者均与支承率直接相关。并且，由空体积和支承体积延伸出了相应的谷空体积和峰区支承体积的概念。核空体积（核支承体积）是两种不同支承率对应的空体积（支承体积）的差值。其中的核空体积可以表征波峰纹理被磨损消失后剩下的可与轮胎接触的备用纹理状态。V_{vc}，V_{mc}，V_{vv}，V_{mp} 的定义如下：

$$\begin{aligned} V_{vv} &= V_v(mr_2) \\ V_{mp} &= V_m(mr_1) \\ V_{vc} &= V_v(mr_1) - V_v(mr_2) \\ V_{mc} &= V_m(mr_2) - V_m(mr_1) \end{aligned} \quad (2\text{-}5)$$

式中：$mr_1=10\%$；$mr_2=80\%$；体积参数的单位为 mm^3/mm^2。

（5）特征参数。

特征参数中比较典型的包括峰密度（S_{pd}）和峰曲率算术平均值（S_{pc}）。纹理表面高于周围区域的点称为峰，可以先反转纹理表面，再应用分水岭分割算法，然后应用变换树的指定修剪因子对纹理表面显著的峰进行分割[112]。峰密度和峰曲率算术平均值的单位分别是 $1/mm^2$ 和 $1/mm$。峰密度可用于表征纹理与轮胎的接触状态，以及实验室条件下量化轮胎磨耗相关的骨料纹理[112]。峰曲率算术平均值可用于评价各种车辆荷载状态下的纹理弹性和塑性变形程度，还能进一步预测摩擦、磨损以及热电耦合接触的真实接触面积[111]。峰密度（S_{pd}）和峰曲率算术平均值（S_{pc}）可表示为

$$\begin{aligned} S_{pd} &= \frac{\text{波峰数量}}{\text{水平投影面积}} \\ S_{pc} &= \frac{1}{N} \iint_{\text{波峰面积}} \left[\frac{\partial^2 z(x,y)}{\partial z^2} \right] + \left[\frac{\partial^2 z(x,y)}{\partial y^2} \right] dxdy \end{aligned} \quad (2\text{-}6)$$

上文列举了高度参数、体积参数、复合参数、空间参数和特征参数中较为典型的一些参数，在实际使用中，除了这些参数与路面抗滑作用显示出明显的相关性以外，还有功能参数、孤岛参数和褶皱参数也被证明与路面抗滑性能有关[115]。本书应用上述参数来评价路面纹理状态，并将其统称为区域三

维纹理表征参数。表 2-1 列举了本书中用到的所有区域三维纹理表征参数。由于 LS-40 便携式三维表面分析仪采集的路面纹理数据包含了路面宏观和微观纹理信息，因此，在本书中，基于该纹理数据的路面区域三维纹理表征参数也可综合反映路面宏观和微观纹理特征。

表 2-1　区域三维纹理表征参数定义

参数名称	类别	定义	单位
S_q	高度参数	均方根高度[116, 117]	mm
S_{sk}		偏斜度[116, 117]	
S_{ku}		陡峭度[116, 117]	
S_p		最大峰高[116, 117]	mm
S_v		最大谷深[116, 117]	mm
S_z		最大高度[116, 117]	mm
S_a		算术平均高度[116, 117]	mm
S_{al}	空间参数	自相关长度[49, 116]	mm
S_{tr}		结构方位比[49, 116]	
S_{td}		纹理方向[118]	
S_{dq}	混合参数	均方根梯度[116, 117]	
S_{dr}		展开表面面积比[116, 118]	%
V_m	体积参数	支承体积[116, 117]	mm³/mm²
V_v		空体积[114, 116, 117]	mm³/mm²
V_{mp}		峰区支承体积[116, 117]	mm³/mm²
V_{mc}		核支承体积[116, 117]	mm³/mm²
V_{vc}		核空体积[116, 117]	mm³/mm²
V_{vv}		谷空体积[116, 117]	mm³/mm²

续表

参数名称	类 别	定 义	单 位
S_{pd}	特征参数	峰密度[116, 117]	1/mm²
S_{pc}		峰曲率算术平均值[116, 118]	1/mm
S_{10z}		十点高度[116, 117]	mm
S_{5p}		五点峰高[116, 117]	mm
S_{5v}		五点谷深[116, 117]	mm
S_{da}		谷区平均面积[119, 116]	mm²
S_{ha}		峰区平均面积[119, 116]	mm²
S_{dv}		谷区平均体积[119, 116]	mm³
S_{hv}		峰区平均体积[119, 116]	mm³
S_k	功能参数	核心高度[119, 116]	mm
S_{pk}		折算峰高[119, 116]	mm
S_{vk}		折算谷深[119, 116]	mm
S_{a2}		支承率曲线下方面积[119]	mm³/mm²
S_{mr_1}		上支承率[119, 116]	%
S_{mr_2}		下支承率[119, 116]	%
λ	孤岛参数	孤岛阈值[120]	mm
V_{mean}		孤岛平均体积[120]	mm³
$R_{h/s}$		孤岛高度面积比[120]	mm/mm²
A_{mean}	褶皱参数	褶皱平均面积[120]	mm
$F_{d,max}$		褶皱最大深度[120]	mm
$F_{d,mean}$		褶皱平均深度[120]	mm
F_{den}		褶皱平均密度[120]	cm/cm²

2.3 路面抗滑性能测试仪

长期以来，路面摩擦测试设备为路面抗滑性能评估提供了有效的数据支撑。如果按照使用状态区分，该类型设备可分为定点式摩擦测试设备和连续式摩擦测试设备[6,18]。定点式摩擦测试设备包含摆式摩擦系数测试仪和 DFT 测试仪。连续式摩擦测试设备一般包含锁轮型摩擦测试仪、Griptester 测试仪、横向力系数测试车[8]。其中，DFT 测试仪便于携带，体积较小，可以同时采集多种滑动速度对应的路面摩擦系数[121]，因此得到了广泛的应用。锁轮型摩擦测试仪由于 ASTM E501 规范和 ASTM E524 规范的普及而得到了广泛的应用[10]。而且，锁轮型摩擦测试仪的轮胎-水膜-路面流固耦合有限元模型有着成熟的开发和应用[97]，对于路面安全研究人员而言，只要获得了锁轮型摩擦测试仪的轮胎有限元模型，则可以结合现场纹理参数、水膜厚度以及环境因素来分析特定条件下的路面摩擦状态，进而对不同天气状态以及环境因素影响下的路面抗滑性能进行预测。由此，本书选用 DFT 测试仪和锁轮型摩擦测试仪开展研究工作。

2.3.1 DFT 测试仪使用特点

DFT 测试仪适用于现场定点检测或在实验室内测量评价路面材料的抗滑性能。该仪器已经被美国联邦公路管理局（Federal Highway Administration，FHWA）、美国材料实验协会（American Society of Testing Materials，ASTM）和我国交通运输部公路科学研究院认可，并纳入 ASTM E1911、国家标准《高密度聚乙烯硅芯管》（GB/T 24456—2009）及交通运输行业标准《公路地下通信管道 高密度聚乙烯硅芯塑料管》（JT/T 496—2004）中。该设备由便携式个人计算机或一个 X-Y 绘图仪即可用于记录数据，如图 2-7（a）所示。其路面接触模块包括一个由马达驱动的飞轮和圆盘。圆盘底部通过弹簧与三个橡胶块相连接，如图 2-7（b）所示，滑块尺寸为 6 mm × 20 mm × 16 mm，每个滑块承担 11.8 N 的荷载。当开始采集摩擦数据，飞轮带动圆盘旋转，飞轮和圆盘联动下降至滑块与地面接触。由于橡胶块受到路面摩擦力的作用，其带动弹簧装置产生相对位移,该位移通过位移传感器被转化为扭矩,该扭矩除以传感器力臂即可得到滑块滑动阻力。滑动阻力除以滑块荷载即为路面摩擦系数[122]。

（a）工作现场图　　　　　（b）路面接触模块圆盘

图 2-7　DFT 测试仪的试验示意

该设备的优点在于：一条连续的速度摩擦系数曲线,表征不同速度下待测材料的摩擦系数值,其他的车载式或拖车式系统均无法一次性得到不同速度对应的摩擦系数,测量结果重复性高;测试速度快,测试时间就是转速从初始速度降至速度为 0 的时间;设备轻巧便携,一般的小型汽车即可运输;可以模拟实际行车速度以及典型车辆施加到路面上的荷载;在速度摩擦系数曲线上可以获得 0~80 km/h 速度范围内的路面摩擦系数;测量用的标准橡胶块满足 ASTM E501 的技术要求;通过更换橡胶块,可以测量不同材料和待测物体表面的摩擦系数;系统配备洒水装置,可用于测试潮湿表面的摩擦系数。

2.3.2　锁轮型摩擦测试仪

锁轮型摩擦测试仪由拖车和摩擦测试系统组成。摩擦测试系统包含力/位移传感器、控制系统、记录系统和路面配水系统。路面摩擦接触感应轮是符合 ASTM E524 以及 ASTM E501 要求的光滑轮胎或者带肋轮胎,充气压力为 165 kPa。设备要求行驶速度为 65 km/h,测试过程中轮胎锁定,即轮胎滑移率为 100%,水膜厚度一般为 0.5~2 mm[123-125]。该设备是美国大多数交通运输部门常用的连续采集式路面摩擦测试设备之一。该设备由拖车牵引摩擦测试系统以达到恒定的测试速度,如图 2-8（a）所示。由路面配水系统将水输送到测试轮前方,并启动控制系统锁定测试轮,轮胎与路面之间的摩擦力以及车辆行驶速度由力/位移传感器反馈给控制系统并保存到数据记录系统，如图 2-8（b）所示。路面防滑性能由 SN（Skid Number）表示，SN 值由测得的路面摩擦力除以有效车轮荷载再乘以 100 得到。

（a）牵引车

（b）摩擦测试系统

图 2-8　锁轮型摩擦测试仪[10, 126]

锁轮型摩擦测试仪的优点在于其采用 100%的轮胎滑移率，评估了刹车条件最不利状态下（汽车轮胎锁死）的路面抗滑性能，为路面安全限值的选取提供了参考。另外，其轮胎橡胶与路面之间的摩擦机理与 DFT 测试仪的橡胶块-路面摩擦机理是一致的，因此在建立轮胎-水膜-路面耦合作用有限元仿真模型时，轮胎与路面的接触设置可参考库仑摩擦定律，从而可以直接使用 DFT 测试仪的测试结果作为轮胎橡胶与路面之间的摩擦参数输入值[99]。一般而言，该设备只能测试固定水膜厚度以及特定速度下的路面抗滑性能，但是通过轮胎-水膜-路面耦合作用模型与现场测试值对比验证以后，轮胎-水膜-路面流固耦合模型可以计算多种工况下的路面抗滑性能。因此，选用 DFT 测试仪作为本研究的路面摩擦数据采集设备，基于锁轮型摩擦测试仪的工作机理建立轮胎-水膜-路面耦合作用模型是可行并具备工程意义的。

2.4 LTPP SPS-10 项目简介

美国 LTPP 项目（Long-Term Pavement Performance，路面长周期使用性能研究）始于 1980 年，目的在于研究 20 年或更长时间内的路面服役性能及其影响因素，致力于路面长期性能研究数据分析。该研究跨越整个北美，在已经投入使用的沥青和混凝土路面建立了超过 2 500 个观测点[127]。这些测试路段与公共交通系统中的其他服役路面一起承受相同的交通负荷和环境条件。该计划针对不同类型路面的服役性能、路表病害状况、交通荷载、养护措施，采集了大量的数据，从而建立一个完备的路面监测/管理数据库。

SPS-10 项目在既有沥青路面加铺具备不同材料特性的沥青混合料。每一个试验段铺筑 3 个 500 英尺的核心试验段，分别是 HMA、使用发泡工艺生产的 WMA 和掺入化学添加剂的 WMA。在 SPS-10 的核心试验段中，所有加铺层必须包含 10%~25% 的再生沥青路面材料（Recycled Asphalt Pavement，RAP）。加铺层结构厚度控制在 2~4 英寸①。为了便于试验结果的分析和对比，底基层以及加铺层的沥青混合料必须保证材料均匀。除核心试验段外，州运输厅可根据自身情况增设试验段，以便结合本州需求开展其他相关研究，比如：各州可研究 RAP 含量增加对沥青混合料材料特性的影响，可分析加铺层厚度改变对路面使用性能的影响，或者研发新型 WMA 制造工艺等。增设试验段的材料实验和路面使用状态监测由 LTPP 负责，各州无须承担相关费用。文献[113]指出，WMA 以及 HMA 沥青混合料的路面性能在铺筑完成的最初几年内会发生很大的变化，因此，对于 SPS-10 的所有试验段，在材料铺筑完成后的半年或 1 年内，LTPP 管理机构会逐一开展路面病害人工调查、路面横

注：① 1 英尺=0.304 8 m，1 英寸=0.025 4 m。

纵断面测量、落锤式弯沉（FWD）数据调查、路面纹理状态监测、沥青路面材料钻芯取样与材料试验等研究。

过去 10 年，美国的沥青路面大量使用了 WMA 材料，至少有 30 个州交通运输厅建立了 WMA 使用规范。WMA 是一种生产温度和铺筑温度均低于 160℃的沥青混合料。与 HMA 相比，WMA 在降低生产和铺筑阶段的能耗、减少摊铺过程的碳排放、提高运输距离方面具备明显优势。2015 年，俄克拉何马州交通运输厅在育空市铺筑了 6 段 LTPP SPS-10 路面试验段以开展沥青路面加铺 WMA 集合料的长期性能研究[50]，这些路段全部位于 66 号州际高速公路，总长约 3.3 km，各个试验段之间相隔一个对比路段。这些路段按照材料类型分为 HMA 路段和 WMA 路段。两种路面材料均采用了发泡工艺，并添加 10%~25%化学处理后的再生沥青路面材料（RAP）以及再生沥青瓦（Reclaimed Asphalt Shingle，RAS）材料。试验路段年平均日交通量为 5 900 辆/日。平均气温变化范围为 2.2 ℃（1 月）~27.3 ℃（7 月）。图 2-9 和表 2-2 展示了俄克拉何马州的 SPS-10 项目地址以及各试验段的材料类型以及配比。试验段沥青混合料的级配曲线如图 2-10 所示。其中，E_1~E_6 是试验段，C_1~C_6 是对比段。骨料级配 1 为 38%的 5/8 碎石，35%的人工粗砂，12%的细砂，12%的再生沥青路面材料和 3%的再生沥青瓦；骨料级配 2 为 90%的 5/8 碎石和 10%的矿物填料；骨料级配 3 为 34%的 5/8 碎石，13%的细砾石，30%的人工粗砂，13%的细砂和 10%的再生沥青路面材料。

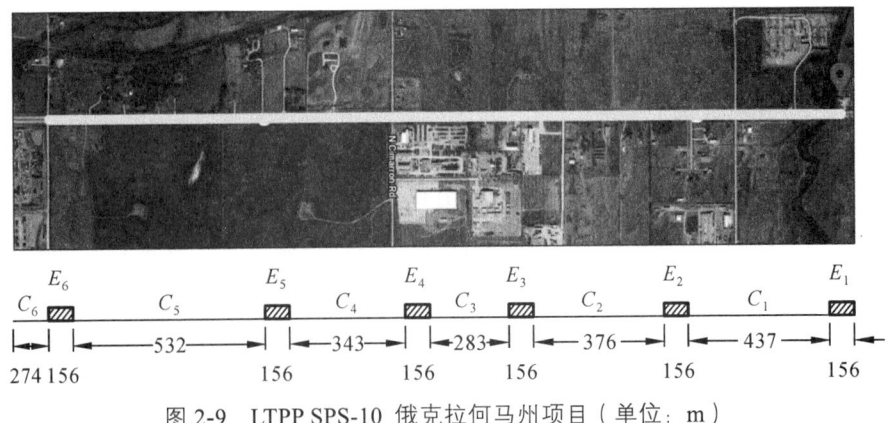

图 2-9　LTPP SPS-10 俄克拉何马州项目（单位：m）

表 2-2　LTPP SPS-10 俄克拉何马州项目材料配合比设计

试验段编号	沥青类型	材料组成	骨料级配类型
E_1	PG 70-28	热拌沥青+再生沥青路面材料+再生沥青瓦	1
E_2	PG 70-28	发泡温拌沥青+再生沥青路面材料+再生沥青瓦	1
E_3	PG 70-28	化学处理后的温拌沥青+再生沥青路面材料+再生沥青瓦	1
E_4	PG 64-22	化学处理后的温拌沥青+再生沥青路面材料+再生沥青瓦	1
E_5	PG 58-28	化学处理后的温拌沥青+再生沥青路面材料+再生沥青瓦	1
E_6	PG 70-28	温拌沥青玛蹄脂碎石混合料+矿粉	2
$C_1 \sim C_6$	PG 70-28	热拌沥青+再生沥青路面材料	3

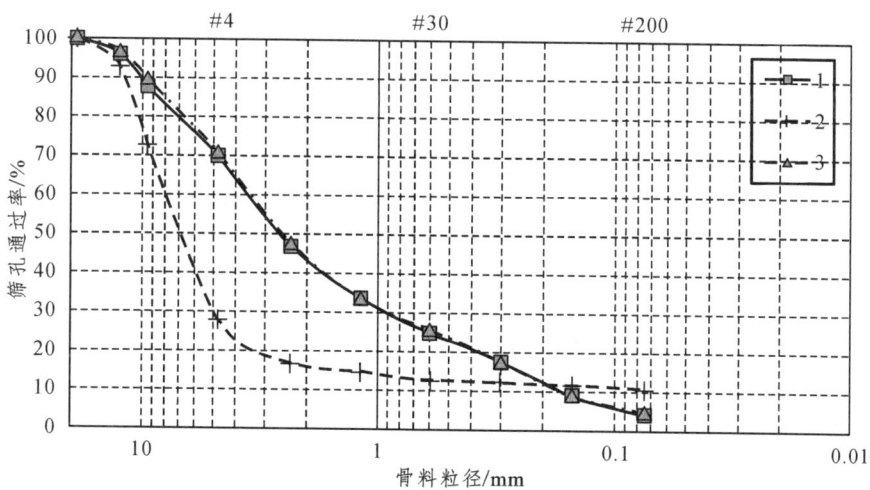

图 2-10　LTPP SPS-10 项目沥青混合料骨料级配曲线

2.5 路面纹理特征与抗滑数据采集

本研究使用 LS-40 便携式三维表面分析仪和 DFT 测试仪,分别于 2015 年 11 月、2016 年 6 月和 2017 年 1 月采集了 LTPP SPS-10 俄克拉何马州项目试验段和对比段的沥青路面纹理数据和沥青路面摩擦系数,每次针对试验段和对比段各采集 3 组数据,每次共采集 36 组数据,数据总共 108 组。为了简化名称,本书中所有的路面均代指沥青路面。

为了消除异常数据以及噪声的影响,首先使用限幅滤波器对路面纹理点云数据进行预处理[106]。该方法将每一帧路面三维点云高度数据从小到大排序,再依次确定高度数据中的上四分位数、中位数和下四分位数。如果某一个云点的高度数据大于上四分位数的 1.5 倍或小于下四分位数的 1.5 倍,则被视为异常值,并将该高度值替换为其邻近的上四分位数或者下四分位数,即

$$H_{\text{new}} = \begin{cases} Q_{\text{u}}, & H_0 > 1.5Q_{\text{u}} \\ H_0, & 1.5Q_{\text{l}} \leq H_0 \leq 1.5Q_{\text{u}} \\ Q_{\text{l}}, & H_1 < 1.5Q_{\text{l}} \end{cases} \tag{2-7}$$

式中:H_{new} 为新高度值;H_0 为原高度值;Q_{u} 为上四分位数;Q_{l} 为下四分位数。

除了纹理对路面抗滑性能有着显著影响外,路面温度也同样影响着路面抗滑性能[128],因此在采集现场路面纹理点云数据的同时,须搜集路面温度数据。然后,通过 MountainsMap® 计算程序测试并获得路面区域三维纹理表征参数[50],再分别按照高度参数、空间参数、混合参数、体积参数、特征参数、功能参数、孤岛参数和褶皱参数进行归类。在 MountainsMap® 软件中可以观察到路面纹理三维特征云图,如图 2-11 所示。108 组路面纹理的区域三维表征参数统计信息归纳如表 2-3 所示,其中的 T 代表路面温度。路面摩擦系数值如图 2-12 所示。

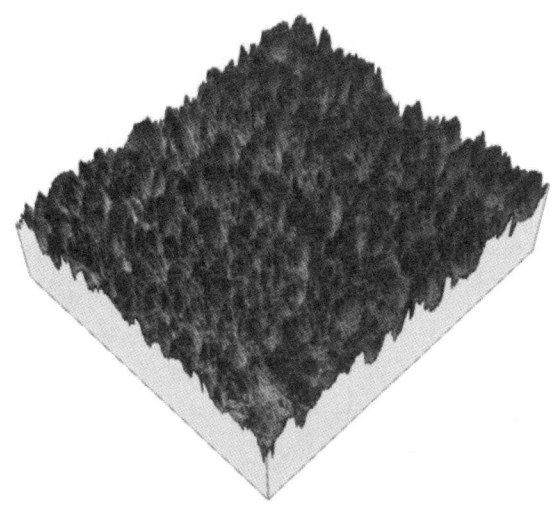

图 2-11 路面纹理三维特征云图示例

表 2-3 区域三维纹理表征参数统计特征值

序号	参数名称	平均值	最大值	最小值	标准差	中位数
1	S_q/mm	0.395 6	1.087 4	0.217 0	0.204 0	0.332 2
2	S_{sk}	−2.026 1	−0.815 8	−3.034 8	0.531 7	−2.069 3
3	S_{ku}	10.132 9	23.480 0	2.840 6	3.864 8	9.809 2
4	S_p/mm	0.697 5	1.793 9	0.349 2	0.327 8	0.609 2
5	S_v/mm	3.024 4	4.065 1	2.074 1	0.500 0	3.022 1
6	S_v/mm	3.721 9	4.932 6	2.517 2	0.654 6	3.610 0
7	S_a/mm	0.287 3	0.904 8	0.152 3	0.174 1	0.226 8
8	S_{al}/mm	4.184 6	9.295 9	2.446 6	1.232 9	3.879 1
9	S_{tr}	0.703 9	0.971 2	0.191 4	0.137 9	0.696 0
10	S_{td}	35.443 5	176.510 8	0.337 7	61.622 3	0.357 7
11	S_{dq}	0.654 6	1.437 6	0.421 2	0.223 1	0.605 8
12	S_{dr}/%	16.429 0	53.114 3	7.716 3	9.291 6	14.025 1
13	V_m/(mm³/mm²)	0.007 0	0.018 9	0.002 2	0.003 5	0.006 5

续表

序号	参数名称	平均值	最大值	最小值	标准差	中位数
14	V_v/（mm³/mm²）	0.386 2	1.189 9	0.214 1	0.226 7	0.305 7
15	V_{mp}/（mm³/mm²）	0.007 0	0.018 9	0.002 2	0.003 5	0.006 5
16	V_{mc}/（mm³/mm²）	0.304 4	1.114 3	0.151 4	0.220 2	0.232 1
17	V_{vc}/（mm³/mm²）	0.309 3	1.035 9	0.165 7	0.198 0	0.239 7
18	V_{vv}/（mm³/mm²）	0.076 9	0.179 6	0.041 8	0.030 9	0.067 2
19	S_{pd}/（mm⁻²）	0.025 3	0.063 9	0.006 4	0.010 8	0.024 5
20	S_{pc}/（mm⁻¹）	9.509 9	47.668 4	4.743 1	9.900 8	5.887 0
21	S_{10z}/mm	2.406 4	4.072 1	1.288 3	0.605 0	2.364 0
22	S_{5p}/mm	0.263 6	1.171 0	−0.693 5	0.292 2	0.245 3
23	S_{5v}/mm	2.142 8	3.261 2	1.338 6	0.444 9	2.112 2
24	S_{da}/mm²	14.195 9	33.305 6	7.260 5	5.586 9	13.354 1
25	S_{ha}/mm²	36.964 3	99.885 9	13.477 7	14.651 1	33.582 3
26	S_{dv}/mm³	0.477 8	1.621 1	0.140 4	0.312 2	0.410 6
27	S_{hv}/mm³	1.381 4	4.278 7	0.277 6	0.829 4	1.150 5
28	S_k/mm	0.638 5	1.994 8	0.325 5	0.383 0	0.499 6
29	S_{pk}/mm	0.121 8	0.316 2	0.022 2	0.068 7	0.111 6
30	S_{vk}/mm	0.782 4	1.930 1	0.423 1	0.341 0	0.673 1
31	S_{a2}/（mm³/mm²）	0.082 5	0.368 9	0.035 9	0.054 5	0.067 4
32	S_{mr_1}/%	5.998 0	13.471 2	0.056 9	2.593 4	5.810 7
33	S_{mr_2}/%	79.887 3	87.954 2	61.770 8	3.820 1	79.754 3
34	λ/mm	0.600 6	1.597 9	0.264 9	0.286 1	0.530 1

续表

序号	参数名称	平均值	最大值	最小值	标准差	中位数
35	V_{mean}/mm^3	23 796.159 0	41 574.593 3	206.321 3	11 558.775 7	26 566.260 0
36	$R_{h/s}/(mm/mm^2)$	0.742 5	10.169 5	0.000 2	2.078 8	0.000 3
37	A_{mean}/mm^2	48.655 8	150.952 0	16.143 5	24.798 0	40.499 3
38	$F_{d,max}/mm$	3.149 8	4.934 0	1.935 4	0.678 1	3.049 2
39	$F_{d,mean}/mm$	0.416 7	1.377 8	0.219 1	0.269 7	0.318 2
40	$F_{den}/(cm/cm^2)$	12.266 7	14.395 9	7.970 6	1.513 1	12.686 0
41	$T/℃$	20.130 0	29.000 0	11.600 0	5.570 0	63.590 0

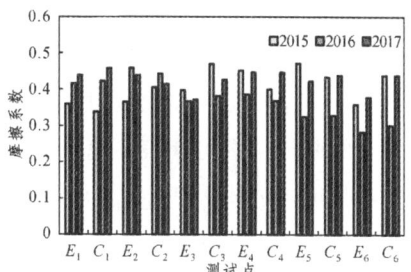

（a）20 km/h

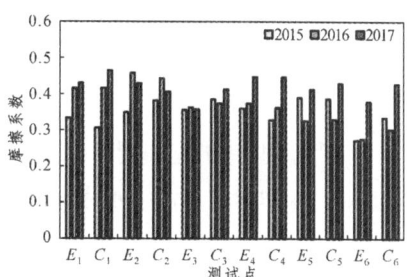

（b）30 km/h

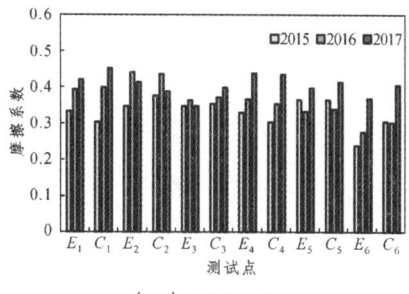

（c）40 km/h

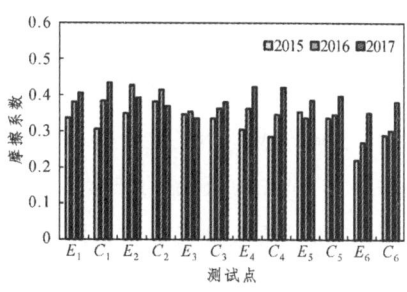

（d）50 km/h

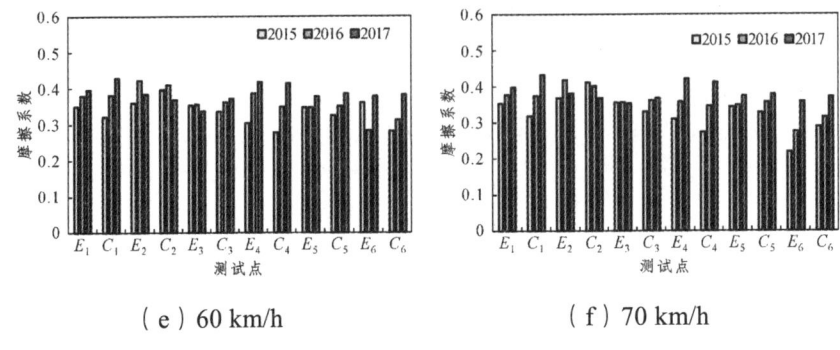

(e) 60 km/h　　　　　　　　　　(f) 70 km/h

图 2-12　2015—2017 年路面摩擦数据

2.6　区域三维纹理特征与路面摩擦系数线性关系分析

本节以 108 组沥青路面纹理点云数据和路面摩擦数据为基础，使用 Matlab 软件分析区域三维纹理表征参数与路面抗滑性能之间的对应关系。在已有的研究中，认为区域三维纹理表征参数中的 S_{sk}，V_{mc}，S_{pd} 与路面抗滑性能关系最为密切[50]。也有研究表明，70 km/h 对应的摩擦系数可代表高速滑动状态下的路面抗滑性能，15 km/h 对应的摩擦系数可近似代表低速滑动状态下的路面抗滑性能[129-131]。本节选取 DFT 测试仪在运行速度为 70 km/h 和 15 km/h 时测得的摩擦系数值作为研究对象，来探讨路面纹理特征与路面抗滑性能之间的关系。

文献[50,51]认为区域三维纹理表征参数中的 S_{sk}，V_{mc}，S_{pd} 与路面抗滑性能显著相关，因此首先进行 S_{sk}，V_{mc}，S_{pd} 与 70 km/h、15 km/h 对应的摩擦系数值之间的线性相关性分析，并使用 f_{70} 代表 70 km/h 时测得的摩擦系数值，f_{15} 代表 15 km/h 时测得的摩擦系数值。然后使用多元线性回归模型，建立 3 个区域三维纹理表征参数与路面摩擦系数之间的关系式。

线性相关系数 r 的计算公式为

$$r = \frac{\sum_{i=1}^{h}(x_i - \bar{x})(y_i - \bar{y})}{\sqrt{\sum_{i=1}^{h}(x_i - \bar{x})^2 \sum_{i=1}^{h}(y_i - \bar{y})^2}} \quad (2\text{-}8)$$

式中：x_i和y_i为进行相关性比较的2个区域三维纹理表征参数值，其均值分别为$\bar{x}$和$\bar{y}$；h为样本数量，取值为108。

多元线性回归模型的表达式为

$$f_r = \varphi_0 + \sum_{j=1}^{h}\varphi_j x_j + \xi \quad (2\text{-}9)$$

式中：f_r为回归计算得出的路面摩擦系数；φ_0为截距；φ_j为回归系数；ξ为随机误差项。

表征参数S_{sk}，V_{mc}，S_{pd}与路面摩擦系数之间的线性相关系数如表2-4所示，回归分析计算结果如表2-5所示。从表2-4可看出，S_{sk}，V_{mc}，S_{pd}与路面摩擦系数的线性相关系数绝对值不超过0.558，说明三者与路面摩擦系数的线性相关性较弱。在表2-5中，P值代表模型的显著性水平，P值越低，则模型越显著可靠；R^2为决定系数，表示因变量可被自变量解释的比例。由表2-5可知，模型的P值低于0.05，说明模型与路面摩擦系数显著相关。然而，回归模型的R^2分别为0.15和0.31，说明三参数多元线性回归模型的可靠性较低，该模型不足以解释路面摩擦系数。

表 2-4 三参数与路面摩擦系数的相关性

摩擦系数	S_{sk}	V_{mc}	S_{pd}
f_{15}	0.002	−0.091	0.319
f_{70}	−0.41	−0.558	−0.164

表 2-5　三参数回归统计值

自变量	车速 15 km/h				车速 70km/h			
	回归系数	P 值	R^2	残差平方和	回归系数	P 值	R^2	残差平方和
截距	0.335	6.5×10^{-4}	0.15	0.404 1	0.379	1.54×10^{-8}	0.31	0.172 9
S_{sk}	-0.017				-0.004			
V_{mc}	-0.042				-0.117			
S_{pd}	2.686				0.174			

鉴于 S_{sk}，V_{mc}，S_{pd} 与路面摩擦系数的线性对应关系并不明显，本研究将分析对象扩展到表2-3所示的41个表征参数。类似地，首先进行41个表征参数与路面摩擦系数的线性相关性分析，再使用多元线性回归模型建立表征参数和路面温度数据与路面摩擦系数之间的关系式。线性相关性分析结果如图2-13所示，多元线性回归模型的系数如表2-6所示，多元线性回归的统计结果如表2-7所示。

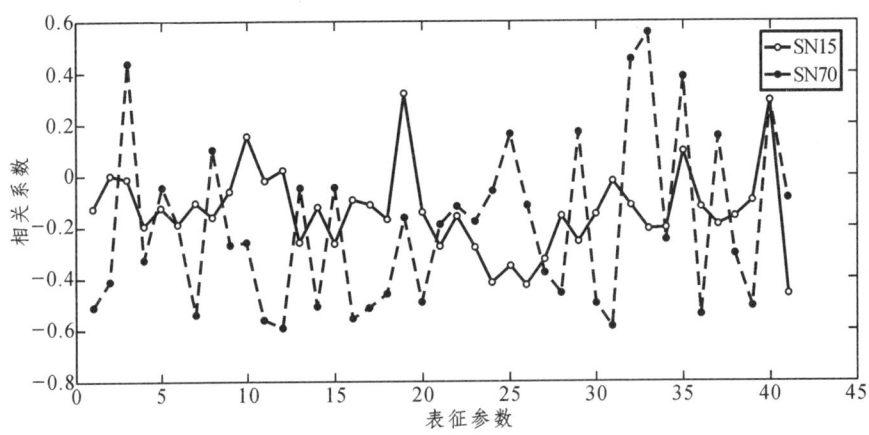

图 2-13　纹理表征参数（含路面温度）与路面摩擦系数的相关性

2 纹理三维表征与路面摩擦关联性研究

表 2-6 表征参数回归系数

自变量	车速 15 km/h	车速 70 km/h	自变量	车速 15 km/h	车速 70 km/h
截距	2.069	-4.1×10^{-4}	S_{10z}	-0.002	0.003
S_q	5.979	2.177	S_{5p}	0.006	0.004
S_{sk}	0.381	0.099	S_{5v}	0.568	1.273
S_{ku}	0.028	0.006	S_{da}	0.012	-0.004
S_p	-1.307	1.782	S_{ha}	-4.6×10^{-4}	-0.001
S_v	-0.219	-0.027	S_{dv}	-0.160	0.038
S_z	-0.055	-0.021	S_{hv}	-0.037	-0.020
S_a	-8.616	-6.114	S_k	1.736	1.349
S_{al}	-0.012	-0.003	S_{pk}	-0.153	-0.436
S_{tr}	-0.057	-0.030	S_{vk}	-0.531	0.617
S_{td}	1.44×10^{-5}	-1.6×10^{-4}	S_{a2}	5.768	4.454
S_{dq}	-0.414	0.176	S_{mr_1}	0.019	0.009
S_{dr}	0.024	-0.012	S_{mr_2}	-0.018	-0.011
V_m	0.314	0.453	λ	1.436	-1.646
V_v	-2.787	-1.833	V_{mean}	1.65×10^{-6}	1.25×10^{-6}
V_{mp}	-24.448	-0.485	$R_{h/s}$	-0.002	-0.002
V_{mc}	-0.887	-1.518	A_{mean}	0.001	7.19×10^{-4}
V_{vc}	-1.847	0.495	$F_{d,max}$	0.016	0.047
V_{vv}	-0.022	-7.901	$F_{d,mean}$	0.187	0.137
V_{pd}	0.172	1.233	F_{den}	0.021	-9.7×10^{-4}
S_{pc}	-4.2×10^{-4}	0.002	T	-0.002	-4.1×10^{-4}

表 2-7 参数回归统计结果

参数个数	车速 15 km/h			车速 70 km/h		
	P 值	R^2	残差平方和	P 值	R^2	残差平方和
41	1.24×10^{-6}	0.57	0.133 2	4.97×10^{-5}	0.67	0.082 8

从图 2-13 可看出,41 个包含路面温度数据的表征参数与路面摩擦系数

的相关系数绝对值总体不超过 0.6，说明本次采集的包含路面温度数据在内的纹理表征参数与路面摩擦系数的线性相关性并不明显。从表 2-7 可以发现，该多元线性回归分析模型的 P 值低于 0.05，说明该模型与路面摩擦系数显著相关。与三参数多元线性回归模型相比，该模型的 R^2 有明显提升，残差平方和有明显降低，说明路面抗滑性能与多个路面区域三维纹理表征参数的共同作用有关。然而，模型的 R^2 分别为 0.57 和 0.67，说明该模型依然不足以解释路面抗滑性能。

因此，为了进一步发掘区域三维纹理表征参数与路面摩擦系数之间的潜在联系，有必要探索区域三维纹理表征参数与路面摩擦系数之间的非线性关系。并且，考虑到纹理表征参数对路面抗滑性能的共同作用，可将 41 个表征参数都纳入考虑范围。

2.7　本章小结

（1）本章介绍了非接触式检测法中激光三角法的技术原理，指出 LS-40 便携式三维表面分析仪的数据精度可达到 0.05 mm，通过该设备采集的路面纹理数据包含了路面宏观和微观纹理信息。

（2）提出使用区域三维参数中的高度参数、体积参数、复合参数、空间参数、特征参数、功能参数、孤岛参数和褶皱参数来表征路面纹理信息，指出基于高精度路面纹理数据的纹理表征参数可综合反映路面宏观和微观纹理特征。详细介绍了 DFT 测试仪和锁轮型摩擦测试仪的功能和特点。

（3）介绍了 LTPP SPS-10 俄克拉何马州项目的应用背景与具体实施状况，使用限幅滤波器对路面纹理数据进行预处理，归纳总结了该项目 108 组路面纹理信息和路面摩擦数据，为第 3~5 章的研究提供了数据基础。提出使用 15 km/h 和 70 km/h 时的摩擦系数值代表低速与高速状态下的路面抗滑性能，通过对比三参数以及多参数的相关性分析和多元线性回归模型计算结果，发现路面抗滑性能与多个路面区域三维纹理表征参数的共同作用有关，但是线性相关性不明显。

路面抗滑性能机器学习预测模型研究

基于现场实测三维高精度纹理数据的沥青路面抗滑性能预测研究

机器学习算法被广泛应用于道路交通安全领域[132-134],选用合适的机器学习模型来预测路面抗滑性能,对于及时发现事故易发路段并及早采取养护措施以提高车辆行驶安全性能至关重要。本章采用路面区域三维纹理表征参数作为路面形貌构造评价指标,使用机器学习算法中的人工神经网络方法和支持向量机的回归来建立路面摩擦预测模型,使用多个区域三维纹理表征参数预测高速与低速状态下的路面抗滑性能,证实了区域三维纹理表征参数与路面抗滑性能之间存在非线性联系;对比分析人工神经网络模型和支持向量机回归模型的预测性能,从解释能力、预测精度、计算效率角度出发评价模型的优劣,为建立基于路面因素的路面抗滑性能评价模型提供了借鉴。

3.1 机器学习在道路交通安全领域的应用

机器学习(Machine learning)专注于使计算系统根据程序和算法从目标数据进行特定任务的自我优化和自动学习,是人工智能(Artificial Intelligence)的子领域。同时,机器学习一般采用了先验算法,需要一定数量的训练数据集来根据过去的经验建立"知识"。大多数机器学习可划分为两大类:无监督学习和有监督学习。无监督学习往往是为了发现数据内部潜在的结构和规律,为下一步决断提供参考。有监督学习一般是为了让模型更准确地对响应变量进行建模。无监督学习包括聚类和降维。聚类算法包括K均值聚类、均值漂移聚类、基于密度的聚类方法、用高斯混合模型的最大期望聚类、凝聚层次聚类等;降维方法包括主成分分析、因子分析、线性判别分析等。有监督学习包括分类和回归。分类算法包括决策树、神经网络、k-近邻、随机森林、基于关联规则的分类、朴素贝叶斯、支持向量机等;回归算法包括线性回归、多元线性回归、神经网络、LASSO回归、岭回归、逻辑回归、支持向量机[135-137]。虽然机器学习方法各不相同,但是流程大多是相似的,通常分为收集数据、数据整合、数据预处理、训练集和测试集的划分、特征选择、模型训练、模型验证、模型调优和预测等步骤。

在常用的机器学习方法中,人工神经网络尤其在多指令并行计算、函数逼近问题中表现优越,且具备强大的自我调整、自动寻找规律、自动调整学习速率能力,被广泛应用于道路交通安全分析研究。Delen 等[138]使用人工神经网络模型来评估交通事故严重程度与车辆碰撞诱因之间的非线性关系。Chiou[139]建立了交通事故评估的人工神经网络专家系统,发现路权侵犯、道路线型以及驾驶人员饮酒状况与交通事故的发生率有着显著的联系。Kunt 等[140]和 Jafari 等[141]使用人工神经网络方法建立了交通事故导致的人员死伤率预测模型,并认为限速标准、交通量、路面服役状态、天气情况和车辆类型等因素都与交通事故发生率以及人员死伤率有着直接的关系。Mario[142]通过多变量分析和人工神经网络方法比较分析了行车安全性与道路线形、路面等级、路面宽度、距离城市远近等因素之间的关系。Abdulhafedh[143]使用美国明尼苏达州 90 号州际公路的车辆碰撞事故数据分别建立 Poisson 回归模型、负二项式回归模型和人工神经网络模型,通过对比发现人工神经网络模型可以较好地预测车辆碰撞事故发生率。Jian 等[132]和 Amin 等[133]使用潜在碰撞数和碰撞发生度指标来量化道路交通安全性,通过人工神经网络方法建立了老年驾驶员导致的事故发生率预测模型,指出旅途目的、照明状况、行人穿越马路、道路几何线型的复杂程度、恶劣天气都可能导致老年驾驶员发生交通事故。

然而,人工神经网络自身也存在局部极值问题以及过学习问题所带来的局限性[144]。因此,支持向量机可作为人工神经网络方法的有效补充。支持向量机最早出自 Cortes 和 Vapnik 等的论述[164],是一种用来分析数据并进行模式识别的有监督学习方法,既可用于分类也可用于回归。其基本思路为:通过寻求基本模型在特征空间上的最大间隔,建立二元分类的广义线性分类器,将原问题转化为求解二次规划中的凸函数。支持向量机在处理样本容量小、非线性优化和高维复杂特征分类等问题时具备卓越的鲁棒性能[145,165,166],可以有效避开人工神经网络的缺点,从而也被道路交通安全研究人员广泛应用。Li 等[146]使用支持向量机和分层定序模型(Ordered Probit)分别预测了单次事故造成的伤害严重程度,并认为支持向量机模型的预测效果更佳。Yu 等[147]分别建立了基于不同核函数的支持向量机模型和贝叶斯逻辑回归模型进行实时车辆碰撞风险评估,认为在小样本情况下使用径向基核函数的支持向量机预测效果优于其他对照模型。Chen 等[148]通过向量机模型分析,认为驾驶环境、驾驶员饮酒服药与否、安全带的使用状况、车道数、事故发生的地点和时间等因素都与行驶途中翻车风险有着显著的相关性,并认为使用多项式核函数的模型优于高斯径向基核函数模型。Mahdi 等[149]在自动驾驶汽车选择安全运行轨迹的研究中也用到了支持向量机方法。

虽然人工神经网络和支持向量机方法被广泛地应用于道路交通安全研究领域,但是很少有研究人员用这两种方法来分析路面纹理表征参数与路面抗滑性能之间的关系,因此,本研究基于路面纹理表征参数建立基于人工神经网络和支持向量机的路面抗滑性能预测模型,并对比两种方法,以期为路面抗滑性能研究提供更有效的分析工具。

3.2 机器学习算法介绍

3.2.1 人工神经网络结构

人工神经网络是一种能够对大量复杂信息依据人类思维方式进行处理的机器学习模型。该模型由各种互相衔接的神经元组成[150],包括输入层、至少一层隐含层和输出层,每一层又包含数个神经元,层与层之间的神经元相互连接。对于一个三层的人工神经网络,只要隐藏层网络被赋予足够数量的神经元,就可以足够高的精度在 N 维实数集的紧子集上来任意逼近一个连续或者非连续函数[151,152],且其输入层和输出层变量个数不受限制,如图 3-1 所示。

人工神经网络的核心算法分为 2 个部分:第一部分是信号的正向传播,在正向传播的时候,输入层读取信号再将其传递到下层,经过逐层神经元的权值加权以及激活函数的映射,信号最终到达输出神经元,输出神经元给出一个输出信号,然后把输出信号与期望值做对比,如果误差较大,则进入反向传播过程;第二部分是信号的反向传播以及权值阈值的修正,通过反向传播以及梯度下降法,误差被层层反向传递到前一层神经元中。每一层神经元的权值和阈值根据误差来做相应调整,并沿着梯度下降最快的方向进行修正。在反向传播过程中,残差会被降到最低并以更快的方式更新权值和阈值。

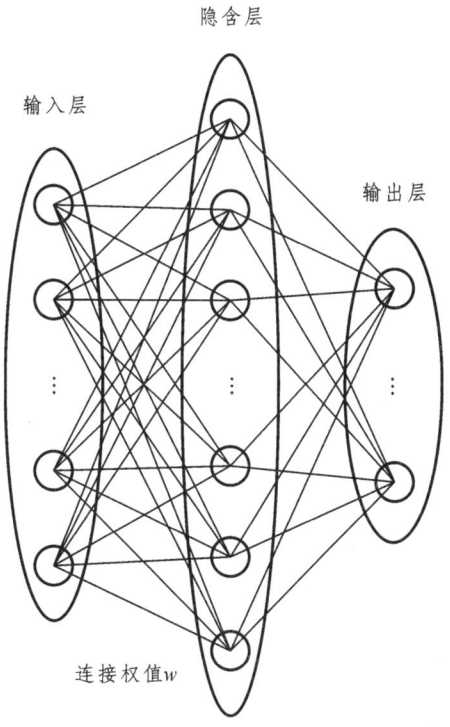

图 3-1　三层人工神经网络拓扑结构

以三层人工神经网络为例,设输入层为 $X=(x_1, x_2, \cdots, x_l)$,隐含层为 $Y=(y_1, y_2, \cdots, y_l)$,输出层为 $T=(t_1, t_2, \cdots, t_l)$,其中的 l, m, n, 分别为输入层、隐含层、输出层神经元个数。

(1) 正向传播阶段。

设输入层神经元与隐含层神经元之间的连接权值为 w_{ij},$i \in (0, 1)$,$j \in (0, m)$,隐含层的阈值为 θ_j,则隐含层的激励函数可表示为

$$y_j = f_j(e_j),\ e_j = \sum w_{ij} x_i - \theta_j \tag{3-1}$$

设隐含层与输出层的连接权值为 W_{jk},$k \in (0, n)$,输出层的阈值为 θ_k,则输出层的激励函数为 $f_k(e_k)$,$e_k = \sum w_{jk} y_j - \theta_k$。

(2) 反向传播阶段。

正向传播计算结束后,使用均值平方差函数 *MSE* 来评估网络误差,*MSE*

可表示为

$$MSE = \frac{1}{N}\sum_{k=0}^{n}(\delta_k)^2 = \frac{1}{N}\sum_{k=0}^{n}(t_k - p_k)^2 \qquad (3\text{-}2)$$

式中：δ_k 为每一个输出层神经元对应的误差；t_k 为理想的输出值；p_k 为计算输出值。

在人工神经网络中，一般会预设一个网络误差限值，如果 MSE 低于该限值，则说明网络模型符合预期，否则就进入神经网络的反向传播阶段调整权值和阈值。神经网络反向传播的中心思想是先将网络误差分配到各个神经元，再不断地修改各个神经元的连接权值和阈值，然后在每次迭代后将误差降至最低水平，最终让训练结果逼近理想的输出值[153]。

首先可知输出层各神经元的误差为 $\delta_k = t_k - p_k$，则分配到隐含层神经元的误差为 $\delta_j = \sum w_{jk}\delta_k$，输入层与隐含层之间调整后的连接权值为 $w_{ij}' = w_{ij} + \eta\delta_j\dfrac{\mathrm{d}f_j(e_j)}{\mathrm{d}e_j}x_i$，调整后的阈值为 $\theta_j' = \theta_j + \eta\delta_j\dfrac{\mathrm{d}f_j(e_j)}{\mathrm{d}e_j}$，调整式的第一项为原权值和原阈值，第二项为梯度下降以后的误差调整项。隐含层与输出层之间调整后的连接权值为 $w_{jk}' = w_{jk} + \eta\delta_k\dfrac{\mathrm{d}f_k(e_k)}{\mathrm{d}e_k}y_j$，调整后的阈值为 $\theta_k' = \theta_k + \eta\delta_k\dfrac{\mathrm{d}f_k(e_k)}{\mathrm{d}e_k}$，$\eta$ 为学习率，$\eta \in (0, 1)$。学习率设置得大，训练速度快，求解时间缩短，但是获得的结果可能在局部范围最优；学习率设置得小，训练速度慢，求解时间延长，但是可以在全局范围内逐步逼近最优解。

为了消除神经网络在求解过程中遭遇局部最优问题的可能，在神经元的权值和阈值调整式中加入动量项。在反向传播过程中，首先按照当前误差来调整各层神经元的权值和阈值，再将前一次权值和阈值调整量的一部分叠加到本次误差调整量中，最后得到当前的权值和阈值调整量。以隐含层神经元为例，$\Delta w_n' = \eta\delta\dfrac{\mathrm{d}f(e)}{\mathrm{d}e}x + mc\Delta w_{n-1}$，$\Delta \theta_n' = \eta\delta\dfrac{\mathrm{d}f(e)}{\mathrm{d}e} + mc\Delta \theta_{n-1}$，其中，$n$ 为迭代次数，mc 为动量因子，取值范围为 0~1 [154]。

(3) 激活函数。

数据输入神经元以后，激活函数对数据进行处理后再将新的数据输出至下一层神经元。激活函数的多样性使得神经元可以灵活处理各种数据。常用的激活函数有如下形式：

① 线性函数：$f(x) = k \cdot x + c$；

② 斜坡函数：$f(x) = \begin{cases} T, & x > c \\ k \cdot x, & |x| \leqslant c \\ -T, & x < -c \end{cases}$；

③ 阈值函数：$f(x) = \begin{cases} 1, & x \geqslant c \\ 0, & x < c \end{cases}$；

④ S形函数：$f(x) = \dfrac{1}{1 + e^{-\alpha x}}$，$0 < f(x) < 1$；

⑤ 双极S形函数：$f(x) = \dfrac{2}{1 + e^{-\alpha x}} - 1$，$-1 < f(x) < 1$。

在使用神经网络进行预测时，输出层神经元一般用来反映线性输入输出关系，常选用线性函数、斜坡函数或者阈值函数，而隐含层神经元一般反映了非线性输入输出关系，常用S形函数或者双极S形函数[155]，如图3-2所示。由于S形函数的输出值一直大于0，在反向传播过程中，参数的梯度值不会变换符号从而容易导致锯齿现象的发生而陷入局部最优[156]。双极S形函数的输出值范围为–1~1，均值为0，有利于提高训练效率。因此，本研究选用双极S形函数作为隐含层神经元的激活函数，可表示为

$$f(x) = \frac{2}{1 + e^{-I}} - 1 \tag{3-3}$$

线性函数作为输出层的激活函数[157, 158]，可表示为

$$g(x) = k \cdot I + c \tag{3-4}$$

式中：$I = \sum w_i x_i$，是前一层神经元输入值的加权和。

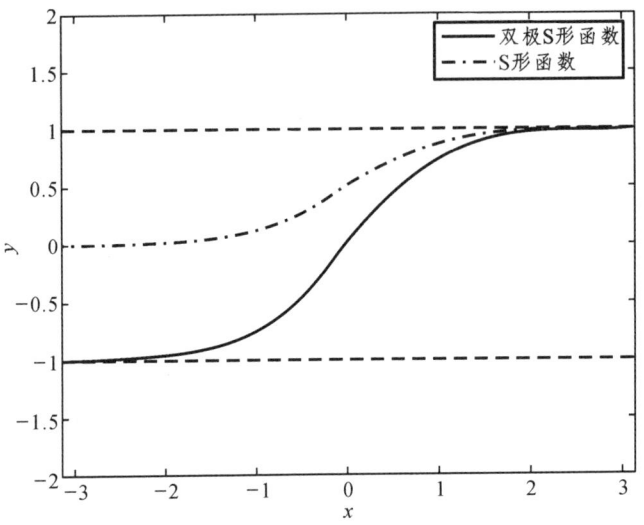

图 3-2　S 形函数和双极 S 形函数

3.2.2　支持向量机结构

支持向量机的核心思想是在线性可分的情况下使用最优分类面将两类数据无错误地分开，可通过图 3-4 中的二维数据分类问题来说明。

假设二维空间存在一个线性可分类样本集（x_i, y_i），$i=1,\cdots,n, x\in R^d$ 如图 3-4 所示，其中的圆圈和方框分别代表两类数据。为了区分该样本集中的两种类别，分别将两类子集的 y_i 标记为+1 和−1，即 $y\in\{-1, +1\}$，图中黑色方框代表+1，黑色圆圈代表−1。其线性分类函数一般形式为 $f(x)=w\cdot x+b$，其分类线方程为

$$w\cdot x+b=0 \qquad(3\text{-}5)$$

式中：w 为分类线方程的权系数；b 为常数项。

将线性分类函数归一化后，要求分类线对所有样本正确分类，就是要求它满足

$$y_i[(w\cdot x)+b]-1\geqslant 0,\ i=1,\cdots,n \qquad(3\text{-}6)$$

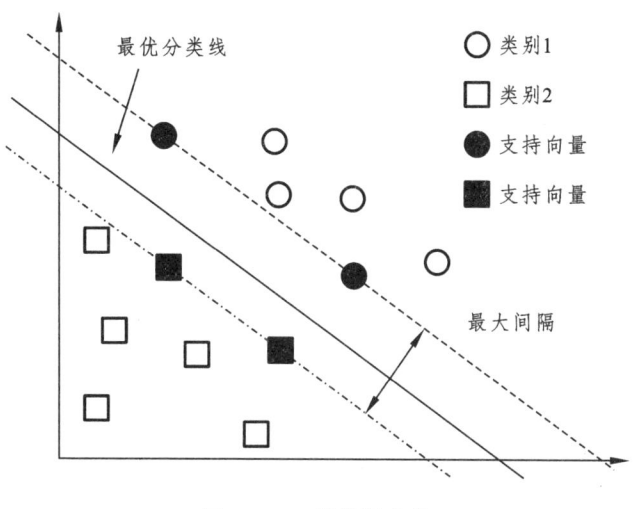

图 3-4　二维线性分类

其中，使得 $\|w\|^2/2$ 最小的分类线被称为最优分类线[167]，如图 3-4 中的实线所示。

图 3-4 中两条虚线上的点 (x_i, y_i) 离最优分类线最近，被称为支持向量，虚线之间的距离被称为分类间隔。若将分类问题从低维空间推广到高维空间，则最优分类线就转变成最优分类面。

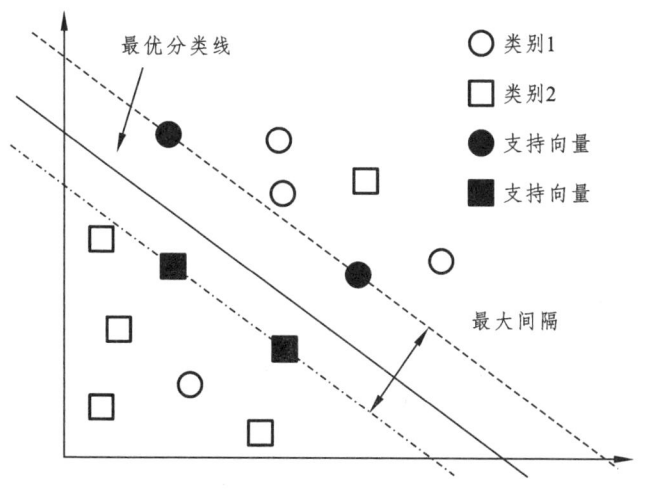

图 3-5　二维复杂非线性问题

式（3-5）和式（3-6）中的最优分类线求解问题可通过拉格朗日方法转化为线性规划中的对偶问题进行求解[168]，即在式（3-7）的约束下对 α_i 求解目标函数式（3-8）的最大值。

$$\sum_{i=1}^{n} y_i \alpha_i = 0, \quad \alpha_i \geqslant 0, \quad i=1, \cdots, n \tag{3-7}$$

$$Q(\alpha) = \sum_{i=1}^{n} \alpha_i - \frac{1}{2} \sum_{i,j=1}^{n} \alpha_i \alpha_j y_i y_j (x_i \cdot y_i) \tag{3-8}$$

其中，若 α^* 为最优解，则 $W^* = \sum_{k=0}^{n} \alpha^* y \alpha_i$。

对于二维复杂非线性问题，某些样本点不能满足式（3-6）的要求，如图 3-5 所示，则可以引入一个大于 0 的松弛变量 ξ_i，使得 $\frac{\|w\|^2}{2} + C\sum_{i=1}^{n} \xi_i$ 最小。

其中 $C>0$，被称为惩罚因子。如果 C 很大，则表明对松弛变量有足够的重视，不希望出现分类错误，在设计分类面的时候必须考虑 C 值；如果 C 很小，则表明松弛变量变得不重要。同时，分类线必须要满足约束条件：

$$y_i[(w \cdot x) + b] \geqslant 1 + \xi_i, \quad i=1, \cdots, n \tag{3-9}$$

同样的，可以把二维复杂非线性问题转换为对偶问题，即在约束条件[式（3-10）]下对 α_i 求解目标函数式（3-8）的最大值。

$$\sum_{i=1}^{n} y_i \alpha_i = 0, \quad C \geqslant \alpha_i \geqslant 0, \quad i=1, \cdots, n \tag{3-10}$$

上述的线性分类问题只局限于理想状态下的低维空间样本分类，而大多数样本数据实际上在原空间是线性不可分的[169]。因此，支持向量机采用核函数 $K(x_i, x_j)$，通过非线性映射 Φ，将样本数据最优分类面的讨论从低维空间转换到高维空间，如图 3-6 所示。

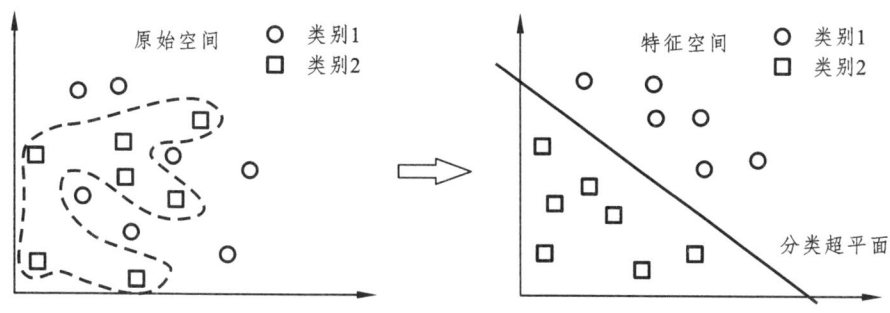

图 3-6 核函数映射示意

核函数有两个主要的作用：①把样本数据的线性分类从不可分的低维空间映射到可分的高维空间；②在求解对偶问题时，解决原问题计算内积时算法复杂度过高的问题，确保内积在低维空间进行计算在高维空间输出。核函数分类过程如图 3-7 所示，其中，支持向量由中间节点表示。核函数的映射过程可表示为

$$K(x_i, x_j) = \Phi(x_i) \cdot \Phi(x_j) \qquad (3-11)$$

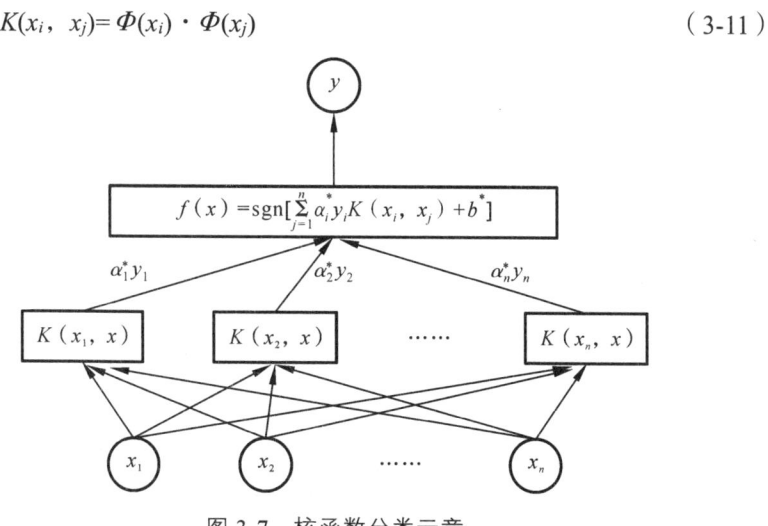

图 3-7 核函数分类示意

引入了核函数 $K=(x_i, y_i)$ 的概念后，目标函数则变为

$$Q(\alpha) = \sum_{i=1}^{n} \alpha_i - \frac{1}{2}\sum_{i,j=1}^{n} \alpha_i \alpha_j y_i y_j k(x_i \cdot y_i) \qquad (3\text{-}12)$$

对应的分类函数为

$$f(x) = \mathrm{sgn}[\sum_{i=1}^{n} \alpha_i^* y_i K(x_i, x_j) + b^*] \qquad (3\text{-}13)$$

由此可以看出，核函数$K(x_i, x_j)$代表样本数据间的间距，可以解决维度爆炸式增长的问题。在构造分类函数的时候，不是先对样本数据进行非线性变换再映射到高维空间求解，而是在原空间完成样本数据点积计算，通过核函数映射以后，在高维空间完成线性分类[170]。

支持向量分类的方法也可以推广到建立回归模型。Vapnik 等将不敏感损失函数应用于支持向量分类的工作中，以保证对偶变量的稀疏性，以此建立了支持向量机的回归模型。在支持向量机的回归中，最优分类面的目的从分开两类样本进化为让所有训练样本离该最优分类面的误差最小。

本研究基于支持向量机亦建立了路面摩擦回归预测模型。与支持向量机的分类类似，支持向量机的回归也是已知存在一个样本集(x_i, y_i)，$i=1,\cdots,n$，$x \in R^d$。不同之处在于，样本集中y_i不局限于取+1 或者-1，而是可以取任意值，即$y_i \in R$。现在要解决的问题是在d维实数空间寻找一个函数$f(x)$，并根据$y=f(x)$来推断d维实数空间内的任意x所对应的y值。其中，需要引入不敏感损失函数，其定义为

$$E_\varepsilon = \begin{cases} 0, & |f(x_i)-y| \leq \varepsilon \\ f(x_i)-y_i, & |f(x_i)-y| > \varepsilon \end{cases} \qquad (3\text{-}14)$$

不敏感损失函数可以使得$\frac{\|w\|^2}{2} + C\sum_{i=1}^{n} E_\varepsilon[f(x_i), y_i]$最小，其中的$C$为正则化常数。引入松弛变量$\xi_i$与$\xi_i^*$以后，最小化条件变为$\frac{\|w\|^2}{2} + C\sum_{i=1}^{n}(\xi_i + \xi_i^*)$，同时还应满足约束条件：

$$\begin{cases} y_i - w \cdot \Phi(x_i) - b \leq \varepsilon + \xi_i \\ -y_i - w \cdot \Phi(x_i) + b \leq \varepsilon + \xi_i^*, \cdots, n \\ \xi_i \geq 0, \xi_i^* \geq 0 \end{cases} \tag{3-15}$$

其中，Φ函数反映了样本数据从低维空间到高维空间的映射过程。

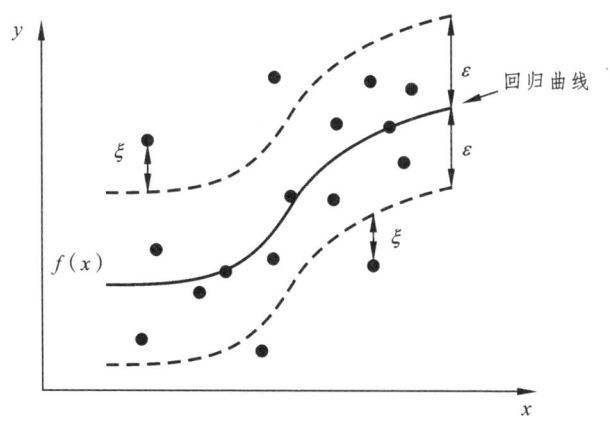

图 3-8　支持向量回归示意

同样的，将上述问题通过拉格朗日方法转化为线性规划中的对偶问题，在满足约束条件[式（3-16）]的同时，对(α_i, α_i^*)求解目标函数[式（3-17）]的最大值，而支持向量则为(α_i, α_i^*)对应的样本数据，最终可得到回归函数[式（3-18）]。从图 3-8 可以看出，只有支持向量才对回归曲线有贡献。

$$\begin{aligned} &\sum_{i=1}^{n}(\alpha_i - \alpha_i^*) = 0 \\ &0 \leq \alpha_i \leq C \\ &0 \leq \alpha_i^* \leq C \end{aligned} \tag{3-16}$$

$$Q(\alpha) = -\frac{1}{2}\sum_{i,j=1}^{n}(\alpha_i - \alpha_i^*)(\alpha_j - \alpha_j^*)K(x_i, x_j) - \sum_{i=1}^{n}(\alpha_i + \alpha_i^*)\varepsilon + \sum_{i=1}^{n}(\alpha_i - \alpha_i^*)y_i \tag{3-17}$$

式中：$K(x_i, x_j) = \Phi(x_i) \cdot \Phi(x_j)$为核函数；$(\alpha_i, \alpha_i^*)$为拉格朗日乘子。

$$f(x) = w^* \cdot \Phi(x) + b^* \tag{3-18}$$

式中：$W^* = \sum_{i=1}^{n}(\alpha_i - \alpha_i^*)\Phi(x_i)$；$b^* = \dfrac{1}{N_{\text{nsv}}}\sum_{0<\alpha_i<C}[y_i - \sum_{x_i \in SV}(\alpha_i - \alpha_i^*)K(x_i, x_j) - \varepsilon] +$

$\dfrac{1}{N_{\text{nsv}}}\sum_{0<\alpha_i<C}[y_i - \sum_{x_j \in SV}(\alpha_j - \alpha_j^*)K(x_i, x_j) + \varepsilon]$；$N_{\text{nsv}}$ 为支持向量的数量。

目前常见的核函数包括[168]：

① 线性核函数：$K(x_i, x_j) = x_i^T x_j$；

② 多项式核函数：$K(x_i, x_j) = (\gamma x_i^T x_j + r)^d, \gamma > 0$；

③ RBF 核函数：$K(x_i, x_j) = \exp(-\gamma \|x_i - x_j\|^2), \gamma > 0$；

④ Sigmoid 核函数：$K(x_i, x_j) = \tanh(\gamma x_i^T x_j + r)$。

其中，RBF 核函数不但参数较少，且无论样本大小都具备较好的非线性映射能力。因此，本研究在支持向量机的路面摩擦回归预测模型中使用了RBF 核函数。

3.3 机器学习预测模型构建

3.3.1 数据预处理

由于受到环境因素的影响以及纹理参数的定义各有不同，现场采集的数据通常夹杂噪声且极易呈现出数据的不一致性。为了对低质量的数据进行清理从而获得较为理想的数据分析结果，在使用样本数据训练人工神经网络和建立支持向量机回归模型之前，有必要进行数据预处理。本书的数据预处理过程分为两个步骤，即数据过滤和数据归一化。

路面纹理点云数据中的异常数据和噪声通过限幅滤波器进行过滤。而在区域三维纹理表征参数体系中，各个指标的量纲各不相同，从而导致数值较小的数据容易被吞食、数据分析过程收敛慢、计算时间长、计算结果误差较大等问题。为了避免指标量纲不一致造成的计算失误，有必要进行数据归一化处理。具体方法为：将所有样本数据映射到（-1，1）区间内，在完成人工神经网络训练和支持向量机模型构建以后，再将数据反归一化到初始值域。数据归一化算法可表示为

$$x' = \frac{x - x_{\min}}{x_{\max} - x_{\min}} \tag{3-19}$$

式中：x 为原始数据；$x_{\max}$ 为最大值；$x_{\min}$ 为最小值；x' 为归一化以后的数据。

将表 2-3 中的纹理特征值归一化后，结果如表 3-1 所示。

表 3-1　区域三维纹理表征参数归一化结果

参数名称	平均值	参数名称	平均值	参数名称	平均值
S_q/mm	0.205 2	V_{mp}/(mm³/mm²)	0.287 4	S_{pk}/mm	0.228 8
S_{sk}	0.454 6	V_{mc}/(mm³/mm²)	0.158 9	S_{vk}/mm	0.238 4
S_{ku}	0.353 3	V_{vc}/(mm³/mm²)	0.165	S_{a2}/(mm³/mm²)	0.139 9
S_p/mm	0.241 1	V_{vv}/(mm³/mm²)	0.254 7	S_{mr_1}/%	0.442 9
S_v/mm	0.477 3	S_{pd}/(mm⁻²)	0.328 7	S_{mr_2}/%	0.691 9
S_z/mm	0.498 8	S_{pc}/(mm⁻¹)	0.111	λ/mm	0.251 8
S_a/mm	0.179 4	S_{10z}/mm	0.401 6	V_{mean}/mm³	0.570 2
S_{al}/mm	0.253 7	S_{5p}/mm	0.513 3	$R_{h/s}$/(mm/mm²)	0.073
S_{tr}	0.657 2	S_{5v}/mm	0.418 3	A_{mean}/mm²	0.241 2
S_{td}	0.199 3	S_{da}/mm²	0.266 3	$F_{d,\max}$/mm	0.405
S_{dq}	0.229 6	S_{ha}/mm²	0.271 8	$F_{d,\text{mean}}$/mm	0.170 5
S_{dr}/%	0.191 9	S_{dv}/mm³	0.227 9	F_{den}/(cm/cm²)	0.668 6
V_m/(mm³/mm²)	0.287 4	S_{hv}/mm³	0.275 9	T/℃	0.490 2
V_v/(mm³/mm²)	0.176 4	S_k/mm	0.185 7		

3.3.2 人工神经网络训练

获得路面三维区域纹理表征参数和路面摩擦系数并进行数据预处理后，需要设计合适的三层人工神经网络模型来进行网络训练[150]，由此确定各层神经元的个数以及相应的连接权值和阈值。

（1）神经元个数。

输入层神经元个数由区域三维纹理表征参数的个数来确定，本书选取 41 个路面区域三维纹理表征参数以及路面温度数据作为输入变量。输出层神经元个数设置为 1 个。对于隐含层神经元而言，神经元数量对模型预测结果的影响十分复杂。神经元数量随着训练样本数量的变化而变化，过多或者过少都会对网络归纳能力造成影响，导致网络出现过拟合现象，并且会延长训练时间。本研究设置 1 层隐含层神经元，通过循环验证以获得最优的隐含层神经元个数。循环验证具体方式为：以隐含层神经元个数为变量开展循环计算，初始神经元个数设置为 1 并逐步递增，每增加一个隐含层神经元则开展一轮循环计算，每一轮循环最大次数设为 1 000 次[159]，当网络均方根误差不高于 0.001 时，跳出循环验证。

（2）参数选取。

神经网络各层神经元的初始权值和阈值不能为 0，否则将无法根据输入误差进行有效学习。本研究的初始权值和阈值取值区间为（-1，1）[160]，网络训练程序在区间内随机取值完成初始化设置，随后采用 LM 算法进行权值和阈值梯度下降修正[161]。

根据经验，动量因子和学习速率设定为 1.05 和 0.7[162]。输出层采用 purelin 线性激励函数[156]，其斜率为 1，截距 C 为 0。本书基于 Matlab 软件搭建神经网络[163]，其训练流程如图 3-3 所示。为了实现基于人工神经网络的路面摩擦预测程序，人工神经网络训练的伪代码如表 3-2 所示。

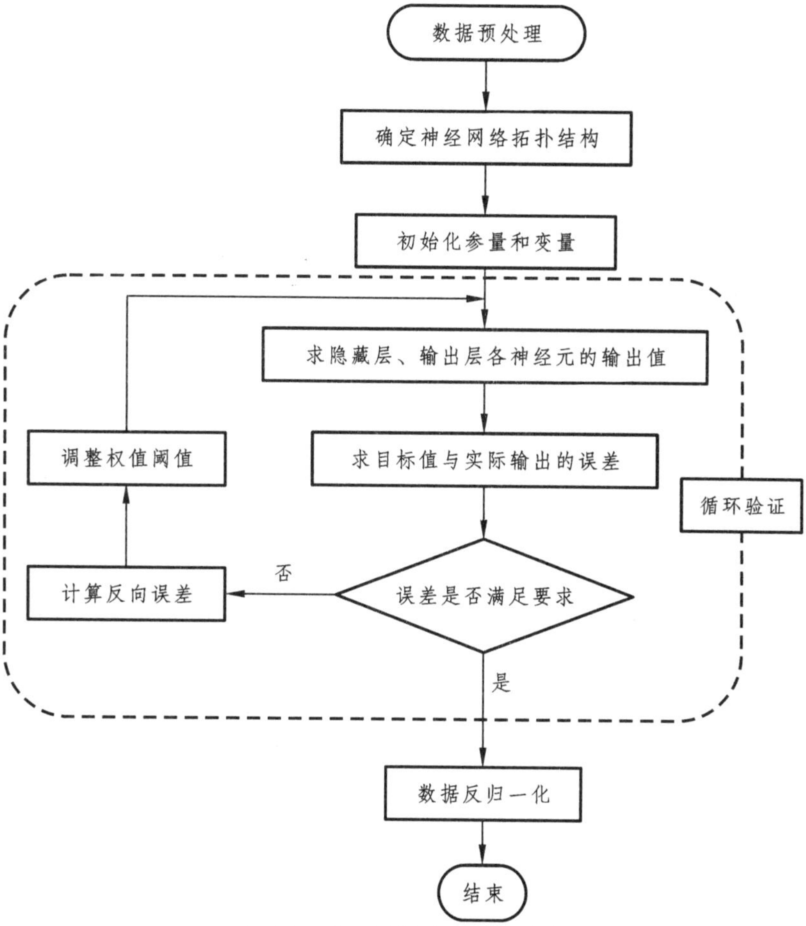

3　路面抗滑性能机器学习预测模型研究

图 3-3　人工神经网络训练流程

表 3-2　人工神经网络训练伪代码

算法名称：人工神经网络训练
1：输入：训练样本，验证样本，网络参数初始化文件
2：输出：参数文件
3：N←隐含层神经元个数上限
4：RMSE←均方根误差
5：Epochs←最大迭代次数
6：Batchsizes←训练样本数
7：Filter&mapminmax//数据预处理

续表

```
8:   newff//创建网络
9:   For int i = 1 to N
10:       For int j = 1 to Epochs
11:           trainnet//随机从训练集中取出 Batchsize 个训练样本进行训练
12:           If（RMSE<0.001）//判断网络均方根误差
13:               break 跳出循环
14:           Else 算反向误差，调整权值阈值
15:       End For
16:       保存权值、阈值、隐含层神经元个数、迭代次数
17:   End For
18:   mapmanmin//数据反归一化
19:   算法结束
```

3.3.3 支持向量机回归计算

在区域三维纹理表征参数体系下，路面纹理形貌的表征具备多参数多类别的特征。对于支持向量机的回归分析模型来说，首先对路面纹理特征进行分类。而支持向量机最初旨在解决二分类问题，寻找的最优分类面也就是把样本数据分成两类。本节首先将三维纹理表征参数划分为任意两类，再建立支持向量机模型，通过对 k 个样本不断二分，可得到 $k(k-1)/2$ 个支持向量机，该特征数据的类别即为最后得票最高的类别[171]。

基于支持向量机的路面抗滑性能预测模型训练过程如下：

（1）选择路面区域三维纹理表征参数作为变量，并对数据进行预处理，构造样本数据训练集；

（2）使用径向基核函数（RBF）完成样本数据从低维空间到高维空间的映射；

（3）构造优化问题，求解对偶公式[式（3-16）]；

（4）求得最优解构建的回归函数，用测试样本数据集预测路面抗滑性能。

本研究的支持向量机回归模型基于 Matlab 软件搭建，使用 LIBSVM 工具箱[171]提供的函数包来完成对偶函数的最小二乘优化求解，并使用五折交叉验证的方法验证模型的可靠性。使用网格搜索算法寻找最优的惩罚因子 C 以

及径向基核函数的 γ 参数，(C, γ) 初步取值区间分别设定为 $[1, 10]$ 和 $[0.1, 20]$，然后再根据模型的表现，每次乘以 0.1 或者 10 作为一个步长，当确定大致范围后，再细化搜索区间。当均方根误差不高于 0.001 时，计算满足要求。具体流程如图 3-9 所示。为了实现基于支持向量机的路面摩擦回归预测程序，支持向量机的回归伪代码如表 3-3 所示。

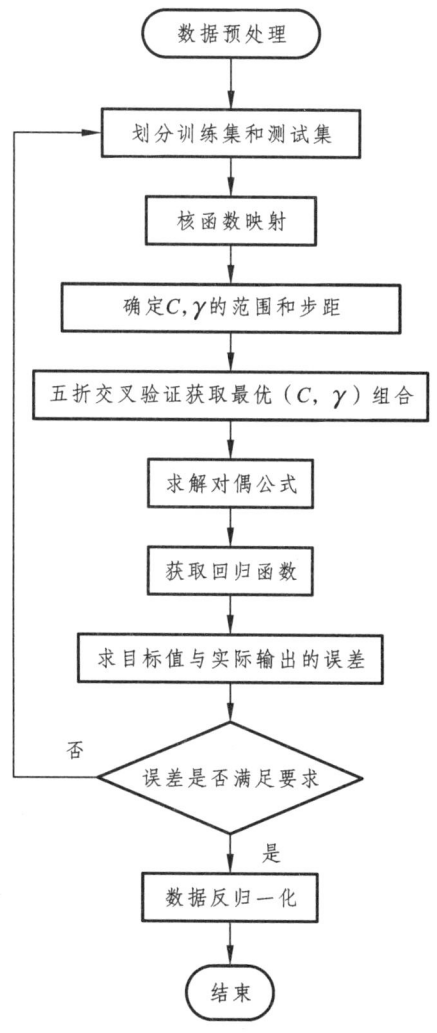

图 3-9 支持向量机回归建模流程

表 3-3　支持向量机的回归伪代码

算法名称：支持向量机的回归计算
1：输入：训练样本，验证样本，设定 C，γ 的范围和步距
2：输出：参数文件
3：N←网格数
4：RMSE←均方根误差
5：Batchsizes←训练样本数
6：Filter&mapminmax//数据预处理
7：meshgrid//使用网格法初始化 C，γ，并计算网格数
8：For int i = 1 to N//交叉验证，寻找 C，γ 最优组合
9：　svmtrain//随机取出 Batchsizes 个训练样本，使用径向基函数进行回归
10：　If（RMSE<0.001）//判断网络均方根误差
11：　break 跳出循环
12：End For
13：mapmanmin//数据反归一化
14：算法结束

3.3.4　三参数机器学习预测模型

首先基于区域三维纹理表征参数中的 S_{sk}，V_{mc}，S_{pd} 预测路面抗滑性能。依然使用 70 km/h 对应的摩擦系数代表高速滑动状态下的路面抗滑性能[129-131]，15 km/h 对应的摩擦系数代表低速滑动状态下的路面抗滑性能。本书采用 2015—2017 年 LTPP SPS-10 俄克拉何马州项目采集的 108 组沥青路面纹理点云数据和路面摩擦数据为研究对象，以 S_{sk}，V_{mc}，S_{pd} 三个参数作为输入变量，以 15 km/h 和 70 km/h 对应的摩擦系数作为响应变量，随机选取 72 组样本数据为训练集，剩余 36 组样本数据为测试集进行模型验证，以此建立人工神经网络模型和支持向量机回归模型。计算结果如表 3-4 和表 3-5 所示。

表 3-4　人工神经网络模型计算结果

速度/(km/h)	输入层神经元/个	隐含层神经元/个	输出层神经元/个	总体迭代次数	总体计算时间/s	R^2	相对误差均值
15	3	9	1	8 180	2 034.656	0.52	0.186
70	3	10	1	9 149	2 179.171	0.61	0.174

表 3-5　支持向量机回归模型计算结果

速度/(km/h)	C	γ	总体迭代次数	总体计算时间/s	R^2	相对误差均值
15	4	0.088 388	166	838.641	0.41	0.144
70	1.414 2	0.353 55	54	264.938	0.57	0.182

对比表 2-5 可知，当采用人工神经网络模型和支持向量机回归模型以后，S_{sk}，V_{mc}，S_{pd} 三个参数对路面摩擦的预测效果有了显著提升。对于人工神经网络而言，在 15 km/h 和 70 km/h 速度状态下，模型的 R^2 分别从 0.15 和 0.31 上升到了 0.52 和 0.61。对于支持向量机回归模型，在 15 km/h 和 70 km/h 速度状态下，模型的 R^2 分别从 0.15 和 0.31 上升到了 0.41 和 0.57。这说明，采用机器学习模型可以显著提高基于区域三维纹理参数的路面抗滑性能预测效果。

比较表 3-4 和表 3-5 可以发现，人工神经网络的预测效果优于支持向量机回归模型。无论是在 15 km/h 还是 70 km/h 速度状态，人工神经网络的 R^2 都要高于支持向量机回归模型。由此可知，若从预测准确度来判断模型的优劣，人工神经网络更具有优势。另一方面，人工神经网络的计算效率却显著低于支持向量机。在预测 15 km/h 和 70 km/h 速度状态对应的路面摩擦时，人工神经网络的总体计算时间为 2 034.656 s 和 2 179.171 s，远高于支持向量机的 838.641 s 和 264.938 s。这说明人工神经网络更加耗费计算资源。

然而，对比表 2-7 可知，基于 S_{sk}，V_{mc}，S_{pd} 三个参数的路面摩擦预测模型准确度处于较低水平。基于多参数的多元线性回归模型的 R^2 分别为 0.57 和 0.67，而基于三参数的机器学习预测模型的 R^2 最低为 0.41，最高为 0.61，后者的预测准确度明显低于前者。这说明，仅仅基于三参数的机器学习预测模型还无法有效预测路面抗滑性能。因此，为了提高预测效果，有必要考虑多参数的机器学习模型，本书将尝试通过 41 个区域三维纹理参数来预测路面抗滑性能。

3.4 多参数预测模型性能评价

本节建立了基于 41 个区域三维纹理表征的路面抗滑性能预测模型,同时评价多参数模型的人工神经网络模型和支持向量机回归模型的预测效果,通过横向对比来分析各模型的预测特点及适用性。多参数预测模型的建立方法与三参数预测模型的建立方法一致。

3.4.1 低速状态摩擦预测效果比较

对于人工神经网络模型,15 km/h 下预测结果如表 3-6 和图 3-10 所示,在每轮最大循环次数为 1 000 次的情况下,6 个隐含层神经元可以获得较好的训练结果,预测结果 R^2 为 0.69。程序迭代到第 5 844 次时选取的训练集可以较好地预测低速状态下的摩擦系数,预测结果与真实值相对误差的平均值为 0.084。

表 3-6　15 km/h 下人工神经网络模型具体参数

输入层神经元/个	隐含层神经元/个	输出层神经元/个	总体迭代次数	总体计算时间/s	R^2	相对误差均值
41	6	1	5 844	1 794.804	0.69	0.084

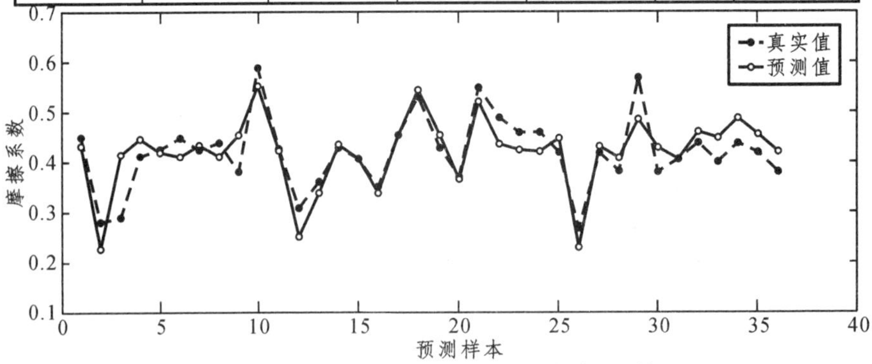

图 3-10　15 km/h 下人工神经网络模型预测结果

对于支持向量机的回归模型,15 km/h 下预测结果如表 3-7 和图 3-11 所示,可知在预测低速状态下的摩擦系数时,最优的惩罚因子 C 和径向基核函数的 γ 参数最优组合为(2.0,0.022 097),预测结果 R^2 为 0.63。程序迭代到第 219 次时选取的训练集可以获得较好的预测效果,预测结果与真实值相对误差的平均值为 0.102。

通过对比可以发现，在预测低速状态下的摩擦系数时，人工神经网络模型的预测效果优于支持向量机回归模型，其选择的训练集对摩擦系数的解释能力高于后者。然而，为了达到最优训练效果，人工神经网络模型的计算时长为 1 794.804 s，支持向量机回归模型的计算时长为 870.093 1 s。这说明在多参数情况下，人工神经网络模型依然较为耗费计算资源。

表 3-7　15 km/h 下支持向量机回归模型具体参数

C	γ	总体迭代次数	总体计算时间/s	R^2	相对误差均值
2.0	0.022 097	219	870.093 1	0.63	0.102

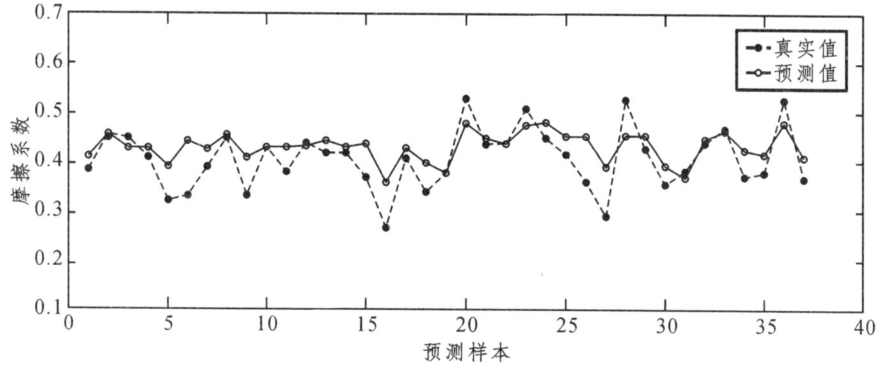

图 3-11　15 km/h 下支持向量机回归模型预测结果

3.4.2　高速状态摩擦预测效果比较

70 km/h 下人工神经网络模型预测结果如表 3-8 和图 3-12 所示。

表 3-8　70 km/h 下人工神经网络模型具体参数

输入层神经元/个	隐含层神经元/个	输出层神经元/个	总体迭代次数	总体计算时间/s	R^2	相对误差均值
41	11	1	10 127	2 627.305	0.77	0.078

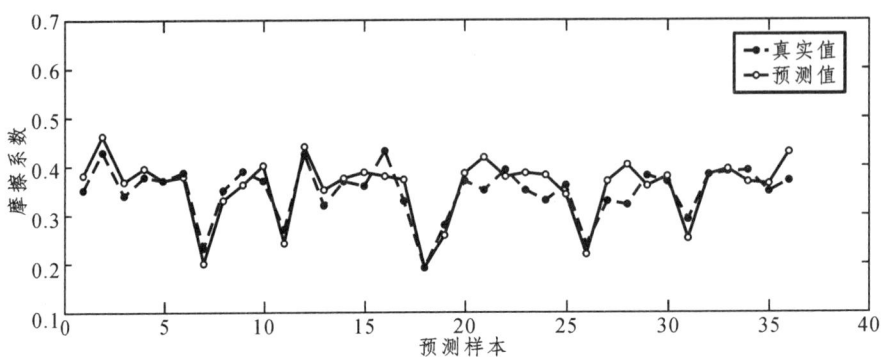

图 3-12　70 km/h 下人工神经网络模型预测结果

由表 3-8 可知,在每轮最大循环次数为 1 000 次的情况下,11 个隐含层神经元可以获得较好的训练结果,预测结果 R^2 为 0.77,计算时长为 2 627.305 s。程序迭代到第 10 127 次时选取的训练集可以较好地预测高速状态下的摩擦系数,预测结果与真实值相对误差的平均值为 0.078。与预测低速状态摩擦系数的人工神经网络模型相比,预测高速状态下摩擦系数的人工神经网络模型预测效果更好,其选取的训练集对摩擦系数的解释能力更高,预测误差更低,但是耗费计算时间的特点依旧存在。

70 km/h 下支持向量机的回归模型预测结果如表 3-9 和图 3-13 所示,可知在预测高速状态下的摩擦系数时,最优的惩罚因子 C 和径向基核函数的 γ 参数最优组合为(22.627,0.001 953),预测结果 R^2 为 0.72,计算时长为 431.697 5 s。程序迭代到第 113 次时选取的训练集可以获得较好的预测效果,预测结果与真实值相对误差的平均值为 0.089。与预测低速状态摩擦系数的支持向量机回归模型相比,预测高速状态下摩擦系数的支持向量机回归模型预测效果更好,其选取的训练集对摩擦系数的解释能力更高,预测误差更低,计算时间也更短,更节省计算资源。

表 3-9　70 km/h 下支持向量机回归模型具体参数与预测结果

C	γ	总体迭代次数	总体计算时间/s	R^2	相对误差均值
22.627	0.001 953	113	431.697 5	0.72	0.089

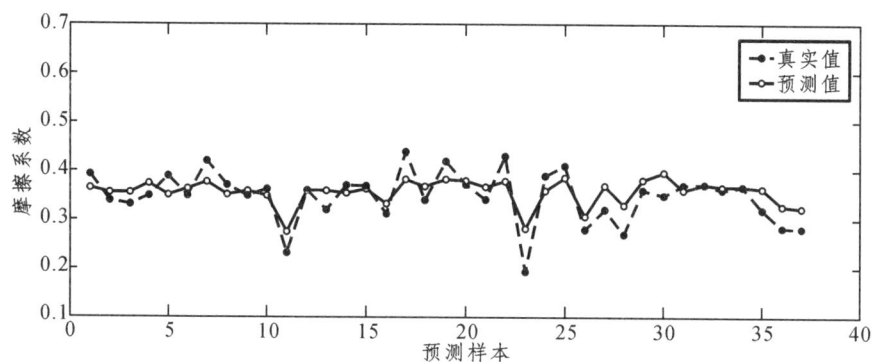

图 3-13　70 km/h 下支持向量机回归模型具体参数与预测结果

通过对比可以发现，在预测高速状态下的摩擦系数时，人工神经网络模型的预测效果亦优于支持向量机回归模型，其选择的训练集对摩擦系数的解释能力高于后者。然而，为了达到最优训练效果，人工神经网络模型的计算时长远高于支持向量机回归模型的 431.697 5 s。这说明，无论是预测低速还是高速状态的摩擦系数，与向量机回归模型相比较，人工神经网络模型都更加耗费计算资源。

对比基于三参数的路面抗滑性能机器学习预测模型，无论是在低速还是高速状态下，都可以发现多参数模型的 R^2 有了显著的提升，相对误差有了明显的下降。这说明，在路面抗滑性能的预测模型建立中，多个路面纹理参数的共同作用可以提升机器学习模型的预测能力。

另外，在以往的研究中，虽然表明路面区域三维纹理特征参数与路面抗滑性能有着明显的相关性，也基于区域三维纹理参数预测了路面抗滑性能，但是建立的模型 R^2 最高不超过 0.58[50]。与之相比，本书建立的路面抗滑性能人工神经网络模型和支持向量机回归模型在准确度方面有了明显提升。

3.4.3　同时预测低速和高速状态的摩擦系数

从前面两节的讨论可知，为了获得较好的预测效果，人工神经网络模型花费了较多的计算时长。为了节约计算资源，将低速和高速状态的摩擦系数同时作为模型的响应变量,即设置两个输出层神经元。从表 3-10 和图 3-14 可以看出,双输出人工神经网络模型花费的计算时长为 2 345.69 s。而分别预测低速和高速摩擦预测模型的计算时长之和 4 422.109 s,这说明双输出人工神经网络模型更节省计算资源。然而,在 15 km/h 和 70 km/h 时该模型预测结果的 R^2 分别为 0.63 和 0.62,相对误差均值分别为 0.088 和 0.117,均低于单独预测的结果。这说明,该模型对于同时预测低速及高速状态摩擦系数的性能还有待加强。

表 3-10 双输出人工神经网络模型具体参数

模型参数	输入层神经元个数	41
	隐含层神经元个数	8
	输出层神经元	2
	总体迭代次数	7 883
	总体计算时间/s	2 345.69
15 km/h 摩擦系数预测	R^2	0.63
	相对误差均值	0.088
70 km/h 摩擦系数预测	R^2	0.62
	相对误差均值	0.117

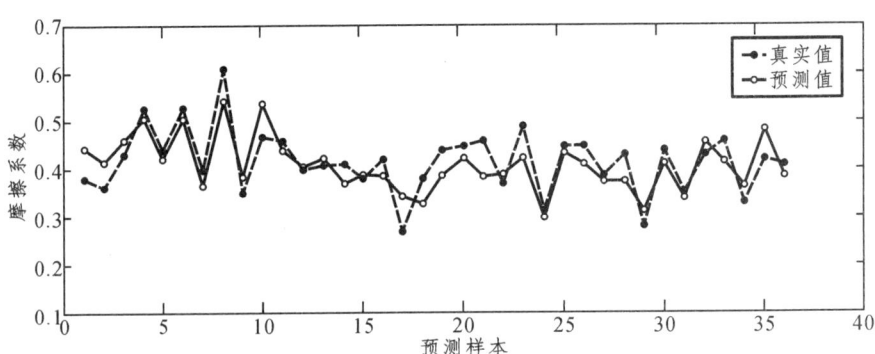

(a) 15 km/h 下摩擦系数预测结果

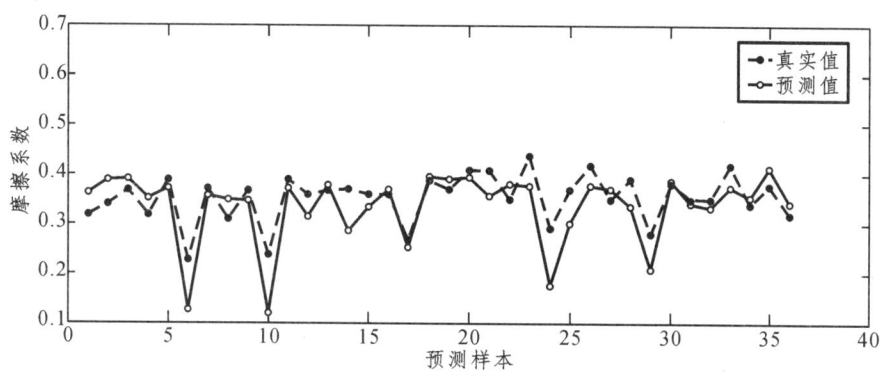

（b）70 km/h 下摩擦系数预测结果

图 3-14 双输出人工神经网络模型预测结果

3.5 本章小结

（1）本章使用限幅滤波器和数据归一化方法处理现场纹理点云数据的噪声和表征参数量纲不一致问题，详细介绍了人工神经网络模型和支持向量机回归模型的构建过程，通过伪代码展示了基于两种方法的路面摩擦预测程序。

（2）通过三层人工神经网络模型可以有效预测路面摩擦系数。结果表明，使用人工神经网络模型预测低速和高速状态的路面摩擦系数时，R^2 分别为 0.69 和 0.77，相对误差平均值分别为 0.084 和 0.078，可以有效解释高速和低速状态的路面抗滑性能。

（3）支持向量机的回归模型也可以有效预测路面摩擦系数。结果表明，使用支持向量机回归模型预测低速和高速状态的路面摩擦系数时，R^2 分别为 0.63 和 0.72，相对误差平均值分别为 0.102 和 0.089，可以有效解释高速和低速状态的路面抗滑性能。可以发现，人工神经网络模型和支持向量机回归模型对高速状态的路面摩擦系数预测效果优于对低速状态的路面摩擦系数预测效果。

（4）对比三元和多元线性回归模型、基于三参数的机器学习预测模型和以往同类研究，可以发现基于多参数的机器学习预测模型预测效果有了明显提高，说明多个路面纹理参数的共同作用可以提升机器学习模型的预测能力，区域三维纹理表征参数与路面抗滑性能之间存在非线性联系；其中，人工神经网络模型的预测效果总体优于支持向量机回归模型，其对路面摩擦值的解释能力更为显著，但是该模型需要更长的计算时间,更加耗费计算资源；对比了单一摩擦系数和双摩擦系数的人工神经网络模型预测效果，发现后者虽然更节省计算时间，但是预测准确度较低。

（5）本章验证了基于区域三维纹理表征参数预测路面抗滑性能的可行性，为接下来的界面摩擦研究和轮胎刹车距离预测研究提供了方法借鉴。

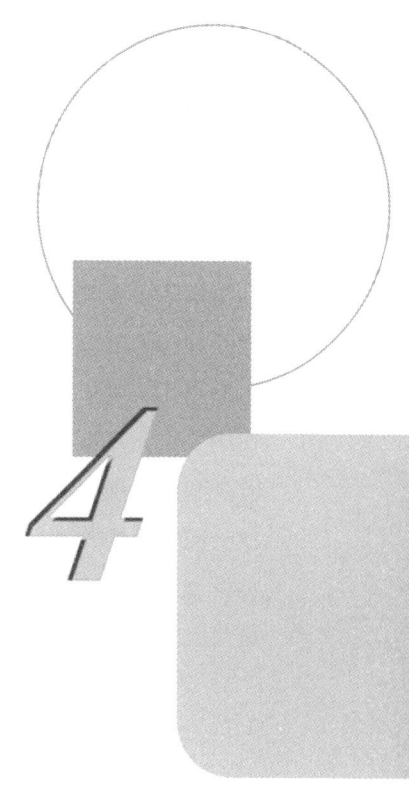

橡胶-路面相互作用界面摩擦性能研究

基于现场实测三维高精度纹理数据的沥青路面抗滑性能预测研究

轮胎与路面接触界面的摩擦特性对路面抗滑性能有较大影响。随着三维激光扫描技术和计算机算法的飞速发展，使得收集道路表面高分辨率三维图像数据成为可能，这为研究轮胎橡胶与路面三维纹理之间的真实界面摩擦特性提供了条件。本章通过分析三维路面模型的研究进展，提出基于高精度三维纹理点云数据的三维路面重构流程，依据 DFT 测试仪橡胶块受到路面摩擦力作用而产生扭矩从而被传感器感知的工作原理，建立橡胶块-三维路面相互作用有限元模型并进行模型验证，反算橡胶-三维路面界面摩擦系数，分别从宏观和微观层面评价三维纹理表征参数之间的关联性，建立界面摩擦系数主成分回归模型并进行了验证，通过显著性分析揭示界面摩擦系数以及橡胶材料模型对路面抗滑性能的影响。本研究为建立基于路面因素和车辆中的橡胶材料因素的路面抗滑性能评价模型提供参考。

4.1 三维路面模型研究

4.1.1 路面有限元模型研究进展

随着数字图像处理技术的发展，研究人员尝试对路面纹理进行三维仿真，建立更精细的有限元模型准确描述轮胎橡胶与路面纹理的相互作用关系。Schwarzer[218]使用正弦函数构造了表面均匀一致的纹理模型，用来模拟物体表面点与点之间的接触。彭佳等[219]基于单点傅里叶变换路面粗糙度时域仿真模型建立了三维路面随机模型，模拟了车辆行进过程中的颠簸过程，以评价路面粗糙度给车辆行驶舒适性带来的影响。王国林等[220]基于直线、回旋曲线和圆曲线要素通过 VPG 软件建立了路面不平度 AR 仿真模型，为车辆路试虚拟仿真提供了路面模型。Kosgolla[125]通过一系列紧密排布的圆球来模拟路面纹理粗糙度，并分析了轮胎橡胶与路面纹理之间界面接触条件对路面抗滑性能的影响。Zhang 等[221]将路面孔隙假设为紧密排列的方格，建立了轮胎、水膜与多孔隙路面的相互作用模型，以评价路面结构孔隙比对路面抗滑性能带来的影响。杨军等[88]通过分形理论中的 IFS 插值法生成了三维路面高度分布矩阵，在 ABAQUS 软件中建立了路面三维模型，分析了 MTD 对路面抗滑性

4 橡胶-路面相互作用界面摩擦性能研究

能的影响。Wei 等 [222]则通过功率谱密度函数建立了路面不平整度仿真模型，研究了轮胎橡胶材料特性对轮胎附着系数的影响。Tang[191]、Srirangam 等[192]对沥青路面钻芯取样，通过计算机断层扫描仪（Computed Tomography）获得了沥青混合料的内部结构信息，通过 SimpleWare 软件建立了三维路面模型。黄晓明等[215]、朱晟泽[15]和刘修宇等[223]则分别使用计算机断层扫描仪和 HOLON 3DS 三维光学扫描仪获得了多种沥青路面混合料的内部结构和外部纹理信息，通过 ABAQUS 软件建立了三维路面有限元模型。

综上所述，传统的路面有限元模型大多是基于数学模型来近似模拟路面不平整度，缺乏对路面纹理状态的细节描述；近期的研究使用了现代化的物体表面三维扫描设备获得路面三维纹理图像，从而建立了高精度的路面纹理模型，但这些方法的局限性也很明显，其试件制备容易对路面造成损害或者仅限于室内数据采集，在增加了三维路面建模时间成本的同时，也无法实时大范围反映路面纹理信息。因此，本章的首要目的便是基于现场高精度路面纹理数据开发相应的路面纹理三维重构算法，从而实现轮胎橡胶块-三维路面相互作用有限元模型的快速建模，为橡胶-三维路面相互作用界面摩擦研究创造条件。

4.1.2 三维路面有限元模型重构

本研究通过 LS-40 便携式三维表面分析仪采集高精度路面纹理点云数据，基于该数据重构三维路面模型。建模过程中使用了 Autodesk 软件进行路面几何模型三维重构。该软件的 AutoCAD 软件包广泛应用于土木工程项目设计、施工的制图作业，具备强大的图形绘制功能，其制图结果可以保存为 dwg、dxf、sat 等文件格式，可以与大多数有限元分析软件兼容。比如，在 ABAQUS 软件中，可以读取 Autodesk 以 sat 文件格式保存的三维几何图形并生成三维有限元模型。

通过 Autodesk 公司开发的 Autolisp 程序语言，可以实现 AutoCAD 二次开发功能，解决 AutoCAD 常规操作不能解决的问题。通过 Autolisp 程序的二次开发，可以方便地实现图形数据的读取，可以针对特定操作编制命令集，通过内部函数就可以实现对于界面操作来说难以完成的功能，大大提高了绘图效率。由于本课题大量使用了 ABAQUS 软件进行分析和计算，且 LS-40 便携式三维表面分析仪采集的路面纹理三维点云数据无法被 ABAQUS 软件直接读取，因此，基于 Autodesk 软件，通过 Autolisp 程序进行路面几何模型三维重构是必要的。

路面纹理状态一般如图 4-1（a）所示。LS-40 便携式三维表面分析仪基于激光三角法采集路面纹理信息以后，路面纹理以三维点云的深度图像形式予以保存，如图 4-1（b）所示。由于该设备以二进制形式将三维云点以深度数据的形式保存为 txd 文件，而 Autodesk 软件通过 Autolisp 程序的二次开发可以读取 txt 文件，因此，应当首先完成数据转换工作，将 txd 文件转换为 txt 文件。

本节使用 VC++代码完成 txd 文件到 txt 文件的格式转换工作。在激光三角法成像原理中，一条激光线对应一帧三维云点数据。物体表面的三维成像通过相机对移动的激光线连续拍照完成。相应地，其表面三维图像由一帧一帧的三维云点数据堆叠而成。LS-40 便携式三维表面分析仪在采集路面纹理信息时，一条激光线可以形成 2 048 个点，点云数据即为路面纹理横截面的深度信息。该设备在拖动激光发射器经过预定扫描范围的过程中，三维相机连续拍摄 2 448 帧激光点云图像，形成 2 448 帧路面纹理深度数据，路面纹理的点云数量则为 2 048×2 448 个。txd 文件的数据格式转换也借鉴了路面纹理三维图像采集的思路：以帧为单位，每读入一帧点云深度数据，则将深度数据保存到一个 txt 文件并编号；完成 2 448 帧点云深度数据的读取以后，将形成 2 448 个 txt 文件，每一个 txt 文件则代表对应帧数的纹理横截面点云深度数据。完成文件格式转换以后，通过限幅滤波法消除数据噪声。

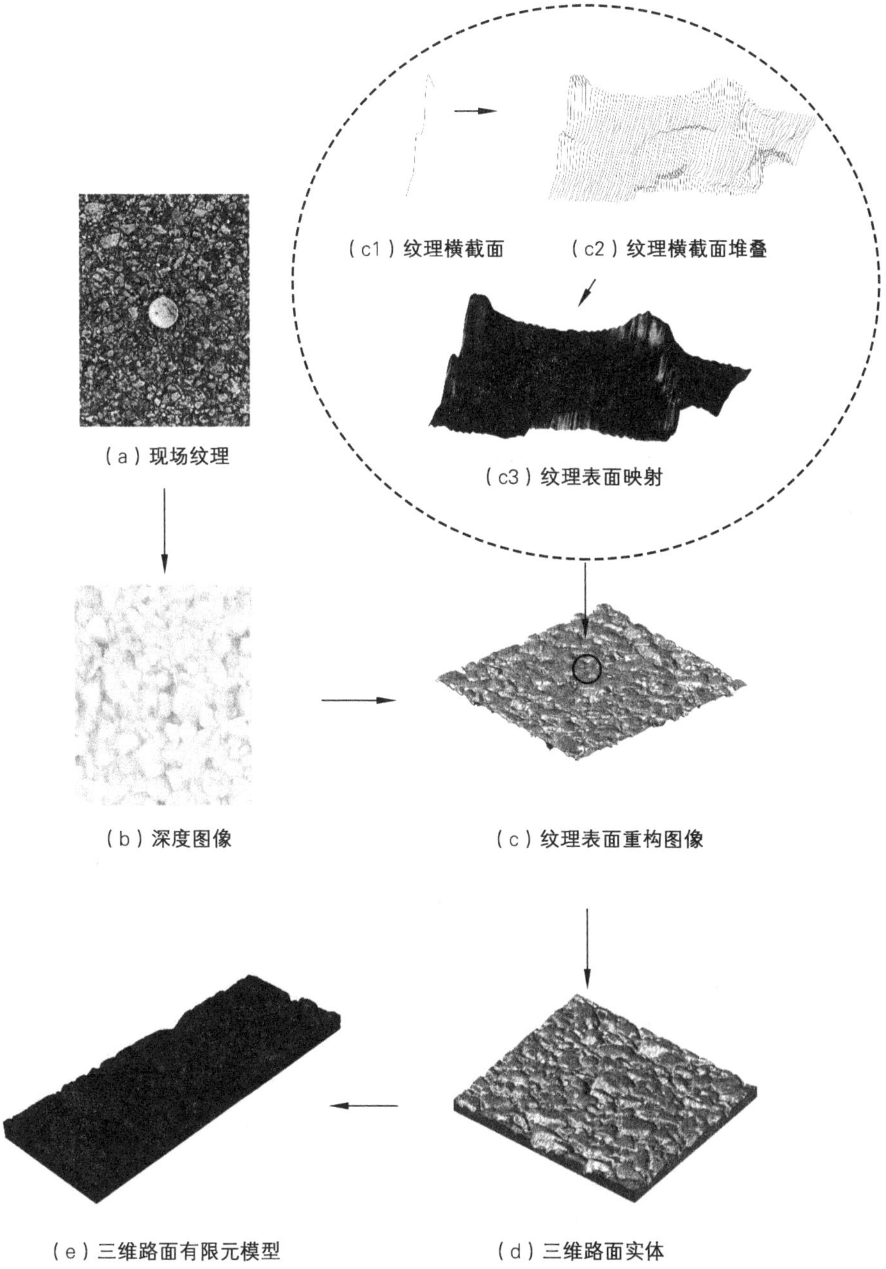

4 橡胶-路面相互作用界面摩擦性能研究

(a) 现场纹理

(c1) 纹理横截面　　(c2) 纹理横截面堆叠

(c3) 纹理表面映射

(b) 深度图像

(c) 纹理表面重构图像

(e) 三维路面有限元模型　　(d) 三维路面实体

图 4-1　三维路面重构流程

路面几何模型在 Autodesk 软件中的三维重构流程如下[224]：读取单帧点云深度数据→绘制单帧横截面→横截面堆叠→纹理表面映射→三维路面实体→导出 sat 文件。通过"FDATA"命令读取单帧点云深度数据，使用"3DPOLY"以及"PEDIT"命令，以样条曲线的形式绘制单帧横截面，如图 4-1（c1）所示。将"FDATA""3DPOLY"和"PEDIT"命令写入一个循环体中，完成 2 448 帧点云数据的读取以及横截面的绘制。纹理横截面点云数据读取、绘制结束后，所有横截面被堆叠形成横截面集合，如图 4-1（c2）所示。使用"LOFT"命令，让横截面与下一个横截面之间形成纹理表面映射，如图 4-1（c3）所示。对每一个横截面进行"LOFT"操作，直至完成所有横截面的纹理表面映射，最终形成纹理表面重构图像，如图 4-1（c）所示。使用"EXTRUDE"命令，将纹理表面重构图像沿着路面厚度方向拉伸，从而形成三维路面实体，如图 4-1（d）所示。使用"ACISOUT"命令，将三维路面实体模型输出为 sat 格式文件，则完成路面几何模型在 Autodesk 软件中的三维重构过程。

在 ABAQUS 软件中，导入 sat 文件格式的三维路面实体模型，再根据实际需求在 part 模块对路面实体模型进行修剪，形成最终的三维路面有限元模型，如图 4-1（e）所示。上述流程为路面几何模型的建立提供了方法论基础，具备流程简便、易于操作的特点，为建立橡胶块-三维路面相互作用有限元模型提供了基础。

4.2　橡胶块-三维路面相互作用仿真

4.2.1　橡胶块-三维路面相互作用模型构建

在橡胶块与路面纹理的相互作用过程中，橡胶变形较大，属于柔性材料。路面的变形非常微小，与橡胶的大变形相比，路面的变形可以忽略不计[85]，属于刚性材料。在建立橡胶块与路面纹理的相互作用有限元模型时，为了提高计算效率，可以将路面考虑为刚性体。DFT 测试仪的滑块与路面接触的有效范围为 x 方向 6 mm，y 方向 20 mm，则可以将路面模型进行有效的缩减。路面模型沿 x 方向的长度保持不变，为 114.3 mm，沿 y 方向的宽度削减为 40 mm，

4 橡胶-路面相互作用界面摩擦性能研究

高度设置为 8 mm。对于路面纹理而言，当纹理波长大于 0.5 mm 时，判断为宏观纹理，当纹理波长小于 0.5 mm 时，被定义为微观纹理。微观纹理存在较多的尖角和毛刺，可导致橡胶块与路面纹理接触计算产生较大的误差甚至不收敛[184]。微观纹理的外形通常极为复杂和奇异，使有限元网格离散化存在较大难度，并且，微观纹理的网格划分会进一步提高模型整体的网格密度，使得路面纹理单元数量和橡胶块单元数量暴增，从而提高了计算成本，降低了计算效率。因此，为了提高计算准确度和计算效率，在路面几何模型中可以剔除微观纹理的影响，仅保留路面宏观纹理。并且，即使是路面宏观纹理也存在较多的尖角和毛刺，此时可使用 ABAQUS 软件自带的表面光滑算法将其剔除。为了在不影响计算效率的同时最大限度地保留宏观纹理的几何形状，考虑到路面宏观纹理波长下限为 0.5 mm，本研究中的路面单元类型为 C3D4 单元（四节点楔形体单元），有限元网格尺寸设置为 0.5 mm。

DFT 测试仪在进行路面抗滑性能数据采集时，橡胶块在竖向荷载作用下与紧贴路面滑行，持续时间短，属于瞬态动力学行为。由于橡胶块在与路面接触过程中变形过大从而容易导致严重的网格畸变甚至发生剪切自锁现象，而 C3D8R（三维八节点线性减缩积分）单元在网格发生扭曲变形时[16]，其分析精度不会受到太大影响，且可以有效规避剪切自锁现象，因此使用 C3D8R 单元模拟橡胶块，该橡胶块有限元模型的几何尺寸为 x 方向 6 mm，y 方向 20 mm，z 方向 16 mm[122]。C3D8R 单元模拟橡胶块在 ASTM E524 规范中被定义为合成橡胶，其材料特性同时具备不可压缩性以及超弹性和黏弹性特征。DFT 测试仪的橡胶块与锁轮型摩擦测试仪的轮胎胎面橡胶具备相同的材料组分[122-124,225]。因此，DFT 测试仪的橡胶块材料参数可以直接引用锁轮型摩擦测试仪的轮胎胎面橡胶的材料参数。

然而，由于 ASTM E524 轮胎制造商一般不对外公布其轮胎橡胶材料参数，在当前的轮胎路面相互作用关系研究中，通常假定该轮胎的橡胶材料为线弹性模型[85,98,226,227]。并且，虽然线弹性模型不能完全模拟轮胎的超弹性特性，但是有研究指出，在轮胎承受较低水平的荷载时，使用线弹性模型依然可以近似反应轮胎的应力应变特性[98,198,227]。因此，本研究的橡胶材料的本构

085

关系使用线弹性模型表达,并引用了 Ong 等[98]和 Zhang 等[227]的研究中锁轮型摩擦测试仪的胎面橡胶材料参数。橡胶块的杨氏模量为 100 MPa,泊松比为 0.5,材料密度为 1 200 kg/m³。施加在橡胶块表面的荷载为 11.8 N,滑块滑动速度分别为 20 km/h,30 km/h,40 km/h,50 km/h 和 60 km/h。橡胶块滑动距离为 114.3 mm。由于本研究的橡胶块滑动过程几乎是在一瞬间完成的,因此,橡胶块滑动过程中的温度变化可以忽略不计,也就不考虑温度变化对橡胶材料性质的影响。

通过对比 ASTM E524 标准和 PIARC 标准[123,197],可以发现 ASTM E524 轮胎与 PIARC 165R15 轮胎具备相似的材料组成,因此,橡胶块的黏弹性材料参数可以引用 PIARC 165R15 轮胎的相关研究成果[184,191,198],如表 4-1 所示。其中,g_i 和 k_i 分为橡胶材料归一化的剪切和体积松弛模量。

表 4-1 橡胶材料黏弹性 Prony 系数

序号	g_i	k_i	t_i
1	0.361 516	0	0.04
2	0.069 546	0	0.9
3	0.228 792	0	9.822 78
4	0.278 09	0	0.5

在 DFT 测试仪采集路面抗滑数据的过程中,洒水装置会喷水润湿路表,形成约 1 mm 厚的水膜。纹理表面一些突出的微观粗糙点能够冲破路表水膜以阻碍橡胶块的滑动,形成了橡胶块滑动过程中受到的滑动阻力。然而,这些微观粗糙点冲破水膜的过程在橡胶块-三维路面相互作用有限元模型中难以得到有效呈现,因此,本书简化建模流程,通过降低有限元模型中橡胶块与路面接触界面之间的摩擦系数来模拟水膜对橡胶块滑动过程的润滑作用[184]。

在橡胶块与三维路面纹理的接触过程中,使用接触对来定义橡胶与路面纹理的接触属性。其竖向接触属性采用硬接触模型,其接触界面的切向接触属性使用指数衰减摩擦模型。在橡胶块的顶面施加竖向荷载与滑行速度,橡胶块受到的滑动阻力通过提取橡胶块顶面的反力获得。滑动阻力与竖向荷载的比值即为 DFT 测试仪测得的摩擦系数。为了与下文提到的界面摩擦力进行区分，本节将 DFT 测试仪测得的摩擦系数称之为滑动阻力系数。橡胶块-三维路面相互作用有限元模型如图 4-2 所示。

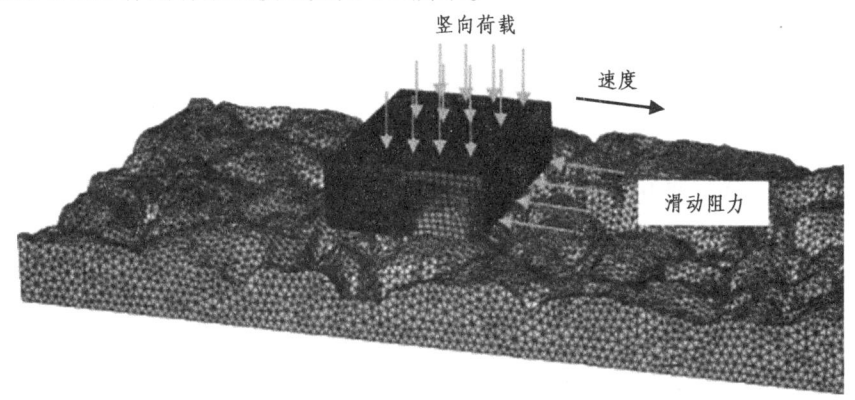

图 4-2 橡胶块-三维路面相互作用有限元模型

4.2.2 界面摩擦模型

橡胶块-三维路面界面接触状态分为法向接触条件和切向接触条件。法向接触条件一般在计算中考虑为硬接触即可。切向接触条件一般使用库仑摩擦模型来表征。本书主要研究橡胶块-三维路面界面接触状态的切向接触条件。为了简化名称，将界面接触状态的切向接触条件称之为界面摩擦。一些研究认为，橡胶块滑动过程中受到的滑动阻力主要来源于橡胶块与路面的界面摩擦[19,228]，如图 4-3 所示。

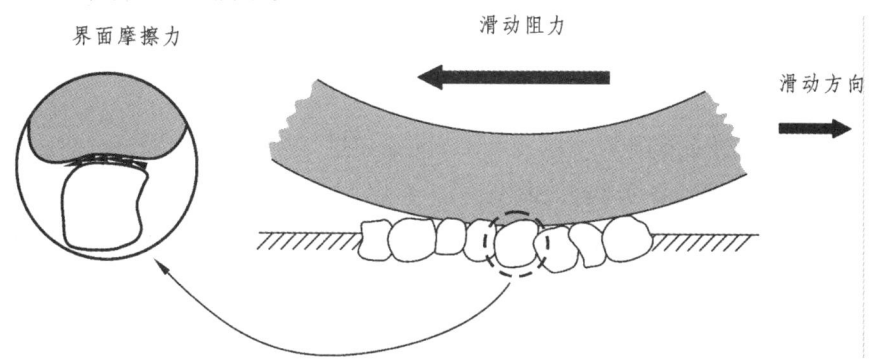

图 4-3 滑动阻力与界面摩擦力关系示意

界面摩擦主要来源于黏接摩擦效应和滞后摩擦效应。黏接摩擦效应与轮胎的化学材料组成、沥青的化学性质、橡胶与沥青之间的分子引力作用相关；滞后摩擦效应与橡胶的黏弹性特性相关。Wang 等[85]和 Zheng 等[229]认为橡胶与路面之间的界面摩擦具备指数衰减特性，其中，最经典的表达公式莫过于 Oden 等[230]提出的指数衰减摩擦模型，其表达式和示意图如式（4-1）和图 4-4 所示。因此，本书采用指数衰减摩擦模型来表征橡胶-路面的界面摩擦行为。水对界面摩擦的润滑作用也通过调整 μ_s，μ_k 和 α 这三个系数的值来实现[184]。

$$\mu = \mu_k + (\mu_s - \mu_k)e^{-\alpha v} \qquad (4\text{-}1)$$

式中：μ 为界面摩擦系数；μ_s 为界面静态摩擦系数；μ_k 为界面动态摩擦系数；α 为衰减系数；v 为橡胶块的滑动速度。

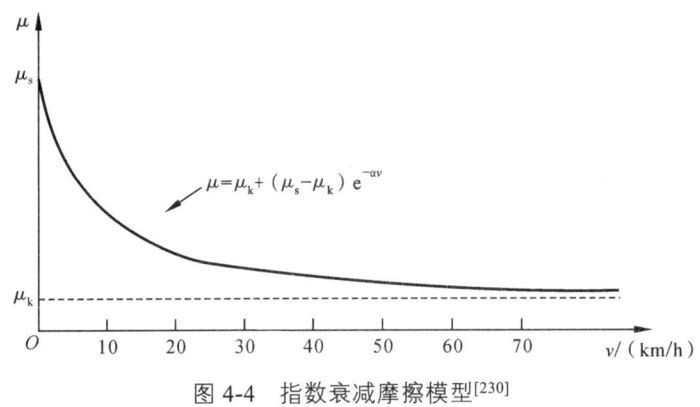

图 4-4　指数衰减摩擦模型[230]

4.3　橡胶块-三维路面相互作用模型验证

4.3.1　单元收敛性分析

为了确定合适的橡胶块单元尺寸，有必要进行橡胶单元收敛性分析。假设界面摩擦模型的各项参数分别为：μ_s=0.4；μ_k=0.35；α=0.6，分析橡胶块在 20 km/h，40 km/h 和 60 km/h 滑动速度工况时的离散误差和计算时间。单元尺寸变化范围为 0.1~1 mm，每增加 0.1 mm，进行一次计算，通过对比各种单元对应的离散误差和计算时间以得到最优的橡胶单元尺寸。计算结果如图 4-5 所示，其中的虚线和实线分别为趋势线。

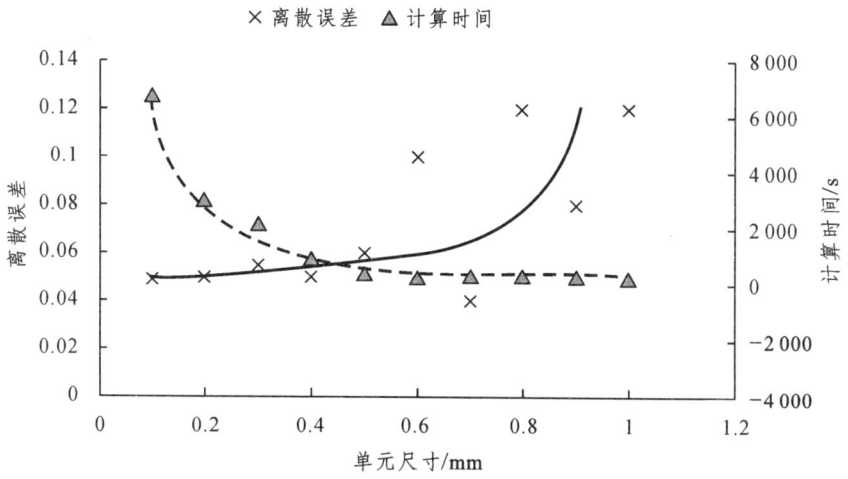

（a）20 km/h 下离散误差以及计算时间

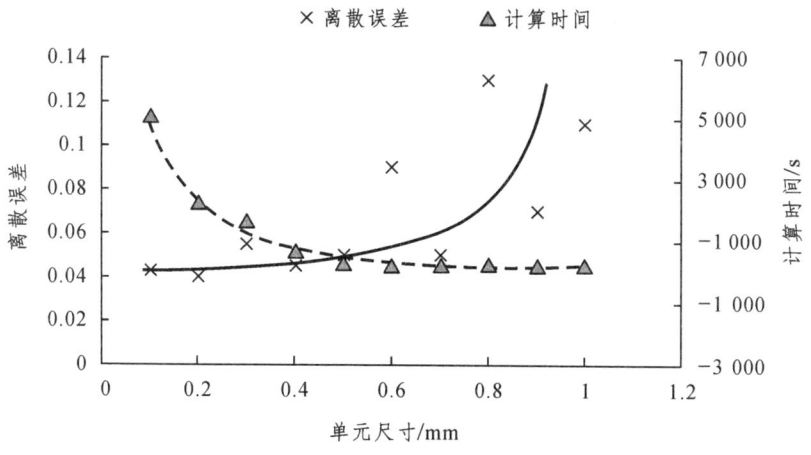

（b）40 km/h 下离散误差以及计算时间

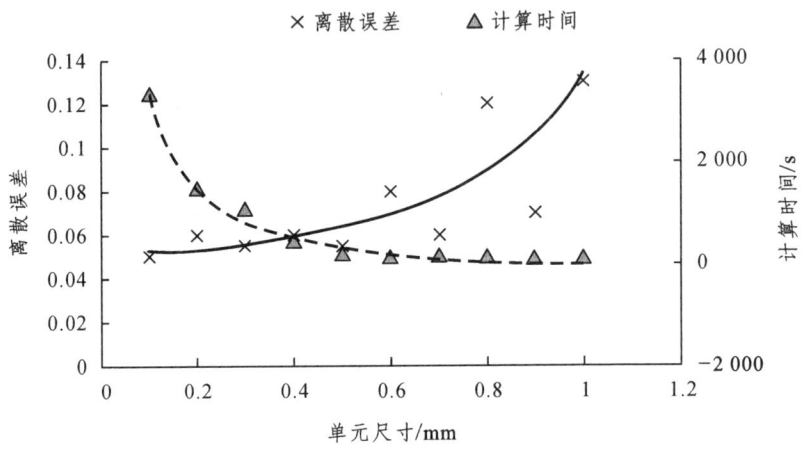

（c）60 km/h 下离散误差以及计算时间

图 4-5 有限元模型网格收敛性分析

由图 4-5（a）和图 4-5（b）可以发现，随着单元尺寸的逐步增长，离散误差一开始稳定在 5%左右，当单元尺寸超过 0.5 mm 后，离散误差逐步变大，并呈现不稳定增长的态势；同时，模型计算时间一开始随着单元尺寸的增长有着较大幅度的下降，当单元尺寸大于 0.5 mm 后，计算时间下降缓慢并最终趋于稳定。由此可知，在 20 km/h 和 40 km/h 滑动速度，橡胶单元的最优尺寸为 0.5 mm 左右。对于图 4-5（c），单元尺寸为 0.4 mm 时，离散误差和计算时间趋势线出现交叉。可知，三种速度工况下，单元尺寸在 0.4~0.5 mm 取值较为适宜。为了节省计算时间，提高计算效率，可选择 0.5 mm 作为橡胶单元尺寸。

4.3.2 界面摩擦系数反算

为了获得指数衰减摩擦模型的参数 μ_s，μ_k 和 α，使用二分查找方法进行模型反算。该方法通过不断改变模型的参数值，使得有限元模型计算结果持续逼近现场实验值直到计算结果与现场实验值的差值最终维持在可以接受的范围内。使用 DFT 测试仪在 20 km/h，40 km/h 和 60 km/h 时测得的滑动阻力系数作为模型反算的现场试验值。当反算结果的误差低于 10%时，可认为当次计算使用的模型参数是可以接受的,并停止反算[98]。

在以往关于指数衰减模型的应用中,Zhou 等 [231]认为干燥路面对应的指数衰减摩擦模型参数 μ_s 和 μ_k 分别为 0.85 和 0.7,而 α 的取值范围为 0~1。本书借鉴了这一设定,并且认为在水的润滑作用下,μ_s、μ_k 和 α 的取值范围分别为[0, 0.85]、[0, 0.7]和[0, 1][191]。以 μ_k 为例,指数衰减摩擦模型参数的二分查找反算方法如下:

(1)首先计算 μ_k 取值范围[0, 0.85]的中值 σ_0,并将该值输入有限元模型并计算得到滑动阻力系数 SN_{σ_0}。

(2)比较 SN_{σ_0} 与现场测得的滑动阻力系数 SN_{insitu}。假如 $(SN_{\sigma_0} - SN_{\text{insitu}})/(SN_{\text{insitu}})$ 低于 10%,则认为计算结果满足误差要求并停止计算,否则进入第(3)步。

(3)对新的取值范围取中值 σ_i,其中 $i \in (1, n)$。假如第(2)步的计算误差为正值,则新的取值范围为 $[0, \sigma_0]$;若为负值,则新的取值范围为 $[\sigma_0, 0.85]$。将中值 σ_i 输入有限元模型并计算得到滑动阻力系数 SN_{σ_i},检查计算误差是否满足要求。否则再次进行计算,直到反算结果的误差低于 10%。

通过观察式(4-1)和图 4-4 可以发现,在高速状态下,μ_k 是界面摩擦系数的主要影响因素;在低速状态下,μ_s 主要影响着界面摩擦系数,而 α 表征了界面摩擦系数随着速度上升而逐步下降的性质。因此,对指数衰减摩擦模型参数的反算按照 μ_k、μ_s、α 的先后次序展开。在橡胶块滑动速度为 60 km/h 时,设定 μ_s 为 0.7,α 为 1,反算 μ_k;确定 μ_k 以后,在滑动速度为 20 km/h 时,保持 μ_k 不变,设定 α 为 1,反算 μ_s;确定 μ_s 以后,保持 μ_k 和 μ_s 不变,在滑动速度为 40 km/h 时确定 α,最终使得滑动阻力系数的计算误差低于 10%。对于现场采集的每一组纹理数据及其对应的滑动阻力系数值,反复应用二分查找反算方法,直到获得满足误差要求的指数衰减模型摩擦系数。本书从 2017 年采集的 LTPP SPS-10 俄克拉何马州项目 36 个测试点的沥青路面纹理点云数据和滑动阻力系数中随机选取 27 组进行界面摩擦系数的反算,结果如表 4-2 所示。

表 4-2 二分查找反算结果

序 号	μ_s	μ_k	α	序 号	μ_s	μ_k	α
1	0.4	0.35	0.5	15	0.4	0.36	0.2
2	0.4	0.35	0.5	16	0.4	0.36	0.2
3	0.4	0.36	0.2	17	0.4	0.36	0.2
4	0.4	0.39	0.6	18	0.4	0.35	0.6
5	0.5	0.31	0.6	19	0.4	0.39	0.6
6	0.5	0.23	0.6	20	0.5	0.35	0.6
7	0.5	0.35	0.6	21	0.5	0.4	0.2
8	0.4	0.35	0.6	22	0.5	0.36	0.2
9	0.4	0.33	0.6	23	0.5	0.34	0.2
10	0.4	0.34	0.6	24	0.4	0.37	0.6
11	0.4	0.34	0.6	25	0.5	0.4	0.2
12	0.4	0.35	0.6	26	0.5	0.3	0.2
13	0.4	0.35	0.6	27	0.4	0.37	0.6
14	0.4	0.35	0.6				

4.3.3 模型验证

通过反算获得指数衰减摩擦模型的系数以后，计算橡胶块的滑动阻力系数来验证反算结果。由于使用了橡胶块滑动速度为 20 km/h, 40 km/h 和 60 km/h 的滑动阻力系数进行系数反算，首先将反算获得的界面摩擦模型系数输入这三种运行状态的仿真模型，将有限元计算结果与试验结果进行对比，如图 4-6（a）所示。可以看到，滑动阻力系数的仿真计算结果与试验数据线性拟合以后的 R^2 分别达到了 0.688 6，0.845，0.661 1。进一步的，计算橡胶块滑动速度为 30 km/h，50 km/h 和 70 km/h 时的滑动阻力系数，再将计算结果与实测值对比，如图 4-6（b）所示。可以看到，滑动阻力系数的仿真计算结果与实验数据线性拟合以后的 R^2 分别达到了 0.680 8，0.545 5，0.612 7。R^2 不高的原因在于：路面纹理构成高度复杂，纹理形貌具备随机特质，三维路面重构过程中对路面纹理尖角进行了平滑处理，导致三维路面有限元模型与实际状态存在差异。但是，鉴于仿真结果对试验数据的解释能力总体位于 0.55~0.85，计算误差已被控制在 10% 以内，并且考虑到路面纹理的复杂性和随机性，可以认为该仿真模型依然具备了模拟路面抗滑性能的能力。

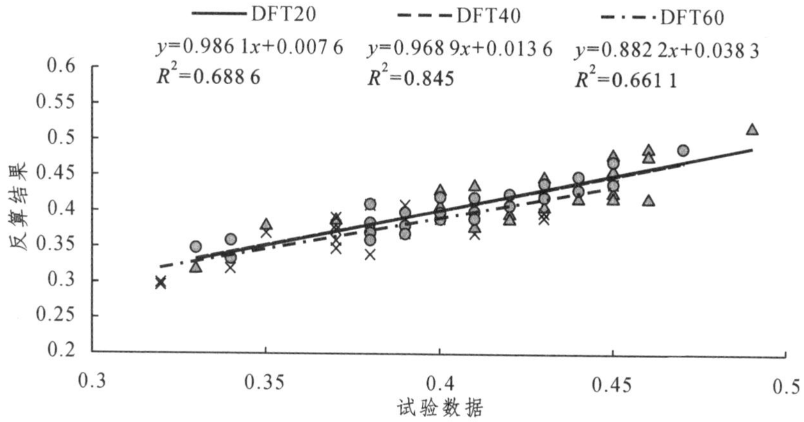

（a）反算结果验证

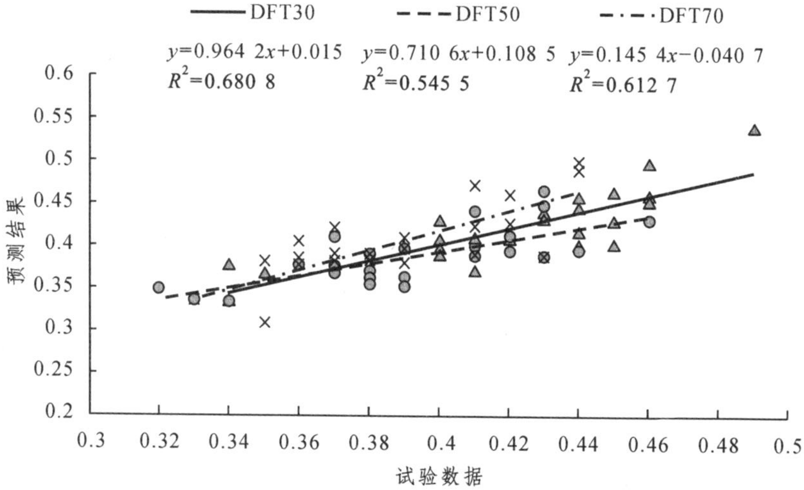

（b）预测结果验证

图 4-6 有限元模型验证

4.4 界面摩擦系数预测模型

可以发现，通过有限元模型反算界面摩擦系数的过程较为复杂且耗费计算时间，如果能够通过路面区域三维纹理表征参数来预测摩擦模型的各项系数，则可以较大幅度地降低工作难度，提高计算效率。由于路面纹理在宏观层面和微观层面都显著影响着路面抗滑性能，本节将从纹理的宏观特征和微观特征角度出发，通过路面的宏观和微观纹理表征参数来评估和预测界面摩擦模型的各项系数。值得注意的是，虽然在橡胶块-三维路面相互作用有限元仿真模型中，路面几何模型大致保留了宏观纹理构造特征，但是为了避免有限元计算不收敛，使用光滑算法剔除了宏观纹理的毛刺和尖角。此时的三维路面有限元模型已经不能反映路面宏观纹理的全部细节特征，这也导致有限元反算的界面摩擦系数没有完全反映路面宏观纹理特征带来的影响。为了弥补这一不足，在评估路面纹理特征与界面摩擦系数的关系时，依然应该考虑纹理宏观特征的影响。将 2017 年采集的 LTPP SPS-10 俄克拉何马州项目 36 个测试点的沥青路面纹理点云数据分离为宏观纹理数据和微观纹理数据，随机选取 27 个测试点对应的宏观纹理特征、微观纹理特征与摩擦模型系数之间的关系，建立它们之间的回归模型关系式，最后预测剩余 9 个测试点的路面滑动阻力系数。

4.4.1 路面宏观纹理和微观纹理特征

为了获得宏观纹理数据和微观纹理数据，使用 Butterworth 滤波器对路面纹理点云数据进行分离。在原始数据中，频率介于 0.000 8~0.08 cycles/m 的纹理，对应波长为 0.5~50 mm，被提取以代表宏观纹理。频率低于 0.08 cycles/m 的纹理，对应波长低于 0.5 mm，被提取以代表微观纹理。宏观纹理、微观纹理的区域三维纹理表征参数通过 MountainsMap 软件计算得出，其统计特征如表 4-3 所示。

表 4-3 路面三维纹理参数统计特征

参数名称	统计结果							
	平均值		最大值		最小值		标准差	
	宏观	微观	宏观	微观	宏观	微观	宏观	微观
S_q/mm	0.37	0.02	0.87	0.04	0.22	0.02	0.17	0.01
S_{sk}	−1.66	−0.33	0.02	0.02	−2.54	−0.64	0.55	0.13
S_{ku}	10.72	15.53	18.81	34.59	3.89	8.06	3.20	7.04
S_p/mm	1.77	0.42	4.93	0.84	0.89	0.21	0.95	0.16
S_v/mm	2.81	0.51	3.72	0.96	1.88	0.24	0.49	0.18
S_z/mm	4.59	0.93	8.57	1.69	3.22	0.47	1.21	0.32
S_a/mm	0.26	0.02	0.67	0.02	0.15	0.01	0.14	0.002
S_{al}/mm	2.90	0.19	4.49	0.19	2.04	0.18	0.49	0.001
S_{tr}	0.72	0.20	0.93	0.29	0.51	0.005	0.10	0.08
S_{td}	42.73	0.35	176.51	0.48	0.34	0.33	70.40	0.03
S_{dq}	0.63	0.23	1.27	0.47	0.44	0.17	0.20	0.07
S_{dr}/%	15.41	2.52	40.89	7.11	8.28	1.41	7.84	1.31
V_m/(mm³/mm²)	0.01	0.002	0.03	0.003	0.01	0.002	0.006	0.002
V_v/(mm³/mm²)	0.37	0.03	0.99	0.03	0.21	0.02	0.20	0.003
V_{mp}/(mm³/mm²)	0.01	0.002	0.03	0.002	0.01	0.007	0.01	0.004
V_{mc}/(mm³/mm²)	0.26	0.01	0.76	0.02	0.14	0.01	0.16	0.002
V_{vc}/(mm³/mm²)	0.30	0.02	0.86	0.03	0.17	0.02	0.18	0.001
V_{vv}/(mm³/mm²)	0.07	0.003	0.15	0.01	0.04	0.002	0.03	0.003
S_{pd}/(mm⁻²)	0.03	0.19	0.04	0.45	0.01	0.06	0.01	0.09
S_{pc}/(mm⁻¹)	9.15	10.45	45.01	47.14	5.43	4.30	8.74	11.06

续表

参数名称	统计结果							
	平均值		最大值		最小值		标准差	
	宏观	微观	宏观	微观	宏观	微观	宏观	微观
S_{10z}/mm	3.19	0.68	6.29	1.38	2.18	0.41	0.93	0.22
S_{5p}/mm	1.07	0.32	3.20	0.67	0.35	0.19	0.63	0.11
S_{5v}/mm	2.12	0.37	3.09	0.71	1.40	0.21	0.42	0.11
S_{da}/mm²	20.27	5.99	59.02	13.84	12.15	2.26	10.16	2.81
S_{ha}/mm²	42.64	6.01	101.56	14.05	22.87	2.18	16.99	2.95
S_{dv}/mm³	0.77	0.03	2.57	0.08	0.32	0.01	0.58	0.02
S_{hv}/mm³	1.81	0.03	6.26	0.12	0.70	0.01	1.40	0.02
S_k/mm	0.63	0.04	1.92	0.05	0.36	0.04	0.39	0.003
S_{pk}/mm	0.28	0.03	0.67	0.07	0.15	0.02	0.12	0.01
S_{vk}/mm	0.70	0.04	1.45	0.07	0.39	0.02	0.26	0.01
S_{a2}/(mm³/mm²)	0.059 5	0.002 2	0.130 3	0.004 6	0.031 6	0.001 2	0.022 1	0.000 7
S_{mr_1}/%	8.64	11.442 7	11.28	13.999	7.25	10.429	1.01	0.764 3
S_{mr_2}/%	82.54	88.202 5	84.97	89.333	81.15	87.317	1.03	0.532 6
λ/mm	1.602 9	0.399 9	4.474 7	0.820 4	0.862	0.209 4	0.771 1	0.126 8
V_{mean}/mm³	10 135	890.9	22 357	3 566.1	0.32	0.002 2	7 925.8	1 131.04
$R_{h/s}$/(mm/mm²)	1.209 4	1.010 5	13.584 3	13.132	0.0002	2.929	2.924 9	2.531 4
A_{mean}/mm²	45.906	6.576 4	106.636	14.94	25.104	2.456 8	18.215	3.3
$F_{d,max}$/mm	3.05	0.35	4.61	0.62	2.01	0.20	0.62	0.12
$F_{d,mean}$/mm	0.44	0.04	1.12	0.05	0.28	0.03	0.21	0.01
F_{den}/(cm/cm²)	11.64	18.80	12.93	19.03	8.66	18.61	1.20	0.11
T/℃	15.8	15.8	18.9	18.9	11.8	11.8	3.64	3.64

4.4.2 纹理参数自相关分析

在建立回归模型之前,首先分别对纹理的宏观、微观纹理表征参数之间的线性相关性进行分析,以评价表征参数之间的关联水平。相关性分析结果以热力图的形式在图4-7中呈现(彩图请扫二维码)。

图 4-7 彩图

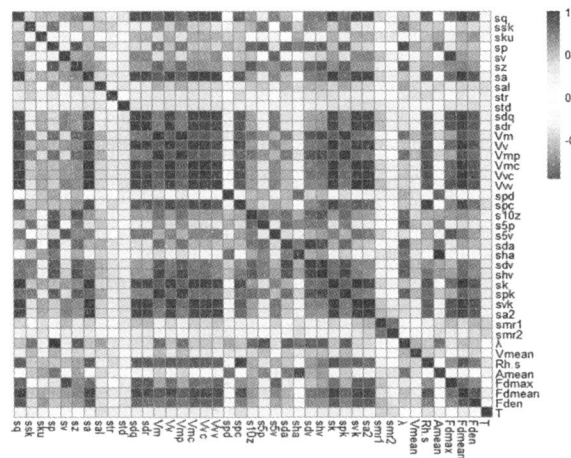

(a)宏观纹理三维表征参数相关性

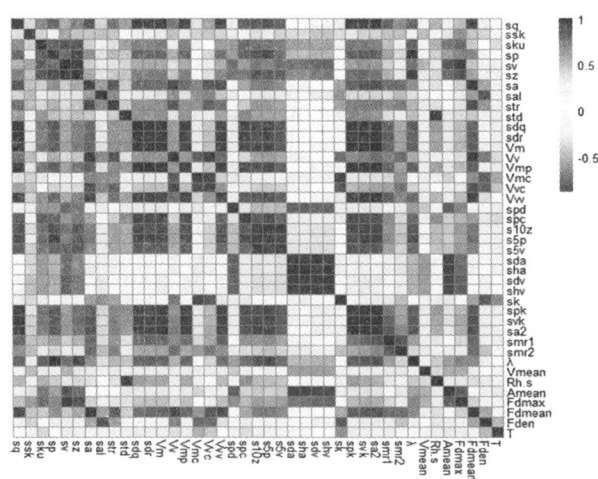

(b)微观纹理三维表征参数相关性

图 4-7 纹理三维表征参数相关性热图展示

在图 4-7 中，当进行比较的两个参数之间的线性相关系数接近于 1 时，色块接近红色；当其线性相关系数接近于-1 时，色块接近于蓝色；当线性相关系数接近于 0 时，色块接近于白色。从图中可以看出，纹理的宏观、微观纹理表征参数之间存在着显著的线性相关性。因此，为了规避参数线性相关性对界面摩擦预测模型准确度的影响，可以使用逐步回归模型来预测界面摩擦。

4.4.3 界面摩擦系数逐步回归模型

逐步回归分析方法以线性回归模型为基础，以向前引入变量为主，变量可进可出。它的基本思想是，当被选入的变量在新变量引入后变得不重要时，可以将其剔除，而当被剔除的变量在新变量引入后变得重要时，又可以重新选入[232]。

在建立宏观、微观纹理特征与界面摩擦系数之间关系式的过程中，逐步回归模型可以选出与摩擦系数关系最为紧密的宏观、微观纹理特征。在回归模型中，每引入一个变量，则进行一次 F 检验，并对已经选入的解释变量逐个进行 t 检验，当原来引入的解释变量由于后面解释变量的引入变得不再显著时，则将其删除。每一次检验的置信水平设置为 95%。在回归模型中反复添加变量，直到既没有显著的解释变量选入回归方程，也没有不显著的解释变量从回归方程中剔除为止。使用 R 软件[233]建立逐步回归模型，以反算出的界面摩擦系数作为因变量，以宏观、微观三维纹理表征参数作为解释变量。逐步回归分析结果如表 4-4 所示。

表 4-4 界面摩擦系数的逐步回归分析结果

模型参数	样本数量	分析步	回归模型	P 值	R^2
μ_s	27	1	$\mu_s = 0.334 + 0.046 S_{10z(macro)}$	0.002	0.31
		2	$\mu_s = 0.32 + 0.056 S_{10z(macro)} + e^{-4} S_{td(macro)}$	0.001	0.44
		3	$\mu_s = 0.334 + 0.048 S_{10z(macro)} + e^{-4} S_{td(macro)} + 4.7 e^{-5} \lambda_{(micro)}$	0.000 1	0.56

续表

模型参数	样本数量	分析步	回归模型	P 值	R^2
μ_k	27	1	$\mu_k = 0.361 + \mathrm{e}^{-4}S_{td(macro)}$	0.003	0.30
		2	$\mu_k = -1.856 + \mathrm{e}^{-4}S_{td(macro)} + 0.118F_{den(micro)}$	0.001	0.50
α	27	1	$\alpha = 0.7 - 1.496S_{pk(macro)}$	0.009	0.24
		2	$\alpha = 0.736 - 1.565S_{pk(macro)} + \mathrm{e}^{-4}\lambda_{(macro)}$	0.001	0.44
		3	$\alpha = 0.92 - 1.657S_{pk(macro)} + \mathrm{e}^{-4}\lambda_{(macro)} + 0.486S_{sk(micro)}$	0.001	0.53

注：下标"macro"表示宏观特征；下标"micro"表示微观特征。

从表4-4可以看出，μ_s 的回归模型经过逐步筛选以后，最终的回归模型 P 值为0.0001，R^2 也从0.31增长为0.56，宏观纹理中的 S_{10z}，S_{td} 以及微观纹理中的 λ 与 μ_s 的关系最紧密；μ_k 的回归模型经过逐步筛选以后，最终的回归模型 P 值为0.001，R^2 从0.30增长为0.50，宏观纹理中的 S_{td} 以及微观纹理中的 F_{den} 与 μ_k 的关系最紧密；α 的回归模型经过逐步筛选以后，最终的回归模型 P 值为0.001，R^2 从0.24增长为0.53，宏观纹理中的 S_{pk}，λ 以及微观纹理中的 S_{sk} 与 α 的关系最紧密。可以发现，最终得到的回归模型，虽然置信度达到了95%的要求，但是模型的 R^2 都在0.5~0.6，说明筛选出的宏观、微观纹理参数与界面摩擦系数之间的关联性不强，并不能充分解释界面摩擦系数。鉴于此，有必要建立更加有效的统计模型来解释宏观、微观纹理参数与界面摩擦系数之间的关系。

4.4.4 主成分回归模型

主成分分析是将众多具有一定相关性的初始指标向量转化为少数几个相互独立的综合指标向量（主成分）的一种统计分析方法。该方法可消除评价指标之间的相互影响，克服了多指标评价中指标之间相关性以及指标反映信息在一定程度上的重叠性等缺点，使评价结果更科学、可靠[234]。

由于纹理的宏观、微观纹理表征参数之间有着明显的线性相关性，且经过筛选出的宏观、微观纹理表征参数与摩擦系数之间的关联性较弱，本节使用主成分分析方法对宏观、微观纹理表征进行降维处理，将众多的纹理表征参数缩减为相互独立的主成分，然后再进行主成分与界面摩擦系数之间的回归分析。主成分分析的基本表达式如下 [235, 236]：

$$A = Q \times B \quad (4\text{-}2)$$

式中：A 为主成分向量；B 为初始的指标向量；Q 为建立 A 向量与 B 向量之间线性关系的权重系数矩阵。

经过主成分分析的变量转换以后，可基于主成分向量建立摩擦预测模型，表达式如下：

$$F = a^* + \sum_{i=1}^{n} P_i^* \times b_i^* \quad (4\text{-}3)$$

式中：F 为界面摩擦系数模型的各项参数；a^* 为回归式的截距；P_i^* 为主成分向量；b_i^* 为主成分向量对应的回归系数。

主成分分析结果如表 4-5 所示。其中，RSE 表示模型的残差标准差；*表示 P 值小于 0.05，**表示 P 值小于 0.01，***表示 P 值小于 0.001。P 值越高，则说明相应变量越能显著的解释界面摩擦系数。可以发现所有主成分向量对应的 P 值都小于 0.01，说明将初始参数指标转换成主成分向量以后，可以显著的解释界面摩擦系数。对于 μ_s，μ_k 和 α 的主成分回归模型中，P 值均低于 0.001，调整后的 R^2 分别为 0.945 6，0.827 6，0.721 5，说明主成分回归模型可以显著解释主成分向量与 μ_s，μ_k 和 α 的关系。并且，模型的残差标准差分别为 0.01，0.014 和 0.1，说明模型的估计值与实际值之间的误差处于较低水平。

表 4-5　界面摩擦系数的主成分回归分析结果

主成分	μ_s		μ_k		α	
	回归系数	P 值	回归系数	P 值	回归系数	P 值
截距项	0.450 3	***	0.350 4	***	0.451 9	***
1	0.010 22	**	−0.003 165	***	−0.012 9	*
2	0.025 57	***	0.004 643	**	−0.047 74	*

续表

主成分		μ_s		μ_k		α	
		回归系数	P 值	回归系数	P 值	回归系数	P 值
3		−0.017 81	**	0.022 17	***	0.078 17	*
4		0.041 48	**	0.013 23	*	−0.504 0	*
5		0.070 41	***	0.022 29	*	4.124	**
6		−0.134 9	***	−0.70 55	***	−6.363	**
7		0.289 5	***	1.298	**	22.83	**
8		−0.471 5	***	−1.740	*	−76.70	**
9		−0.245 9	**	−2.291	**	−178.60	***
10		0.397 5	***				
11		−1.393	***				
12		−18.73	***				
13		11.40	***				
14		−112.00	***				
15		69.95	***				
16		−31.38	***				
17		193.30	***				
结果验证	P 值	***		***		***	
	R^2	0.981 2		0.887 3		0.817 9	
	调整 R^2	0.945 6		0.827 6		0.721 5	
	RSE	0.010 27		0.013 79		0.098 58	
样本数量		27					

为了阐释宏观、微观纹理特征对界面摩擦的影响，可将主成分逆转换为初始的指标向量，转换过程为

$$\boldsymbol{B} = \boldsymbol{Q}^{-1} \times \boldsymbol{A} \tag{4-4}$$

主成分逆转换以后的初始指标向量即为宏观、微观三维纹理表征参数，摩擦预测模型也被相应改变为

$$F = a + \sum_{i=1}^{n} T \times b_i \tag{4-5}$$

式中：a 为截距项；T 为宏观、微观三维纹理表征参数；b_i 为纹理表征参数对

应的回归系数。

主成分逆转换以后的界面摩擦预测回归模型中,宏观、微观三维纹理表征参数对应的回归系数如表 4-6 所示。

表 4-6　宏观、微观三维纹理表征参数回归模型系数

参数名称	μ_s 宏观	μ_s 微观	μ_k 微观	α 宏观
截距项	0.002 9		−0.033 6	0.792 6
S_q/mm		1.227 9	−0.078 6	0.021 7
S_{sk}			0.007 6	
S_p/mm			0.001 2	
S_v/mm	0.032 8			
S_z/mm			0.001 1	
S_a/mm			−0.719 4	0.034 5
S_{al}/mm		4.566 9	−0.67	−6.114 6
S_{tr}			−0.028 0	
S_{dq}	0.015 2	0.034 9		0.054
S_{dr}/%	0.000 4	0.002 3	0.000 1	0.001 5
V_m/(mm³/mm²)		4.361 1		−3.275
V_v/(mm³/mm²)	−0.018 2		−0.672 7	0.019 5
V_{mp}/(mm³/mm²)		4.361 1		−3.275
V_{mc}/(mm³/mm²)	−0.022 6		−1.759 2	0.031 7
V_{vc}/(mm³/mm²)	−0.025 0		−0.995 9	0.018 7
V_{vv}/(mm³/mm²)		9.254 3	−0.680 2	0.261 5

续表

参数名称	μ_s		μ_k	α
	宏观	微观	微观	宏观
$S_{pc}/(\text{mm}^{-1})$	−0.000 8	−0.000 4		−0.000 2
S_{10z}/mm				−0.027 7
S_{5p}/mm		0.009 9	0.002 3	
S_{5v}/mm	0.025 3			
S_{hv}/mm^3				−0.015 1
S_k/mm	−0.010 3			0.010 6
S_{pk}/mm		0.321 5		−0.186 4
S_{vk}/mm		0.370 6	−0.011 5	0.027 5
$S_{a2}/(\text{mm}^3/\text{mm}^2)$		7.276 9	−0.331 3	
$S_{mr_1}/\%$		0.012 1	−0.000 7	
$S_{mr_2}/\%$			0.002 5	
λ/mm			0.001 2	
$R_{h/s}/(\text{mm}/\text{mm}^2)$	−0.001 7		0.000 3	−0.000 2
$A_{\text{mean}}/\text{mm}^2$				−0.093 4
$F_{d,\max}/\text{mm}$	0.018 7			
$F_{d,\text{mean}}/\text{mm}$	−0.015 2		−0.272 7	0.008 3
$F_{\text{den}}/(\text{cm}/\text{cm}^2)$			0.019 7	
$T/℃$			0.000 4	−0.002 2

从表 4-6 可知，宏观、微观三维纹理表征参数互相叠加，共同影响着界面摩擦系数。其中，宏观纹理和微观纹理共同影响着 μ_s，而对 μ_k 起主导作用的是微观纹理，主要影响 α 的是宏观纹理。但是，不同的纹理特征不同程度

地影响着界面摩擦系数。比如，S_q 影响着 μ_s，μ_k 和 α；S_{sk} 主要在微观层面影响着 μ_k，但是该参数无论是在宏观还是微观层面都与 μ_s 和 α 无关。这种现象说明，当纹理的评价手段从宏观层面过渡到微观层面以后，纹理对界面摩擦的影响也随之发生明显变化。

为了进一步验证界面摩擦系数回归预测模型的有效性，使用剩余的 9 个测试点的路面纹理数据和 DFT 测试仪测试数据进行模型验证。将宏观和微观路面纹理表征参数输入式（4-5），计算出相应的 μ_s，μ_k 和 α，将其输入有限元模型中，最终提取滑动阻力系数的仿真结果 SN 并与 DFT 测试仪测得的结果进行比较，比较结果如图 4-8 所示。通过比较，发现仿真结果与实际值的误差在 10% 左右。从图 4-8 中也可发现，仿真值与实际值非常接近，随着滑动速度的变化，滑动阻力系数的预测值与 DFT 测试仪测试结果有着相似的变化趋势。由此可知，通过主成分回归模型获得的界面摩擦系数 μ_s，μ_k 和 α，在输入有限元模型以后，获得的橡胶块滑动阻力系数仿真结果与实际测试结果吻合。这说明，使用该方法来预测路面抗滑性能具备可行性和有效性。

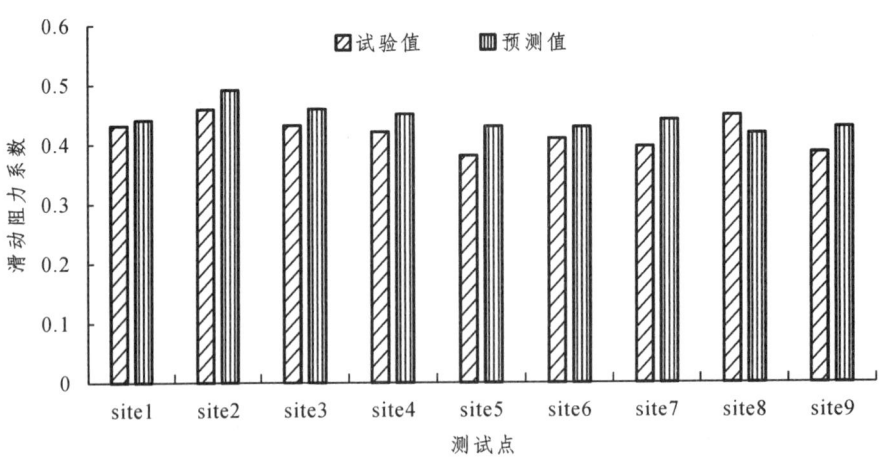

（a）20 km/h

4 橡胶-路面相互作用界面摩擦性能研究

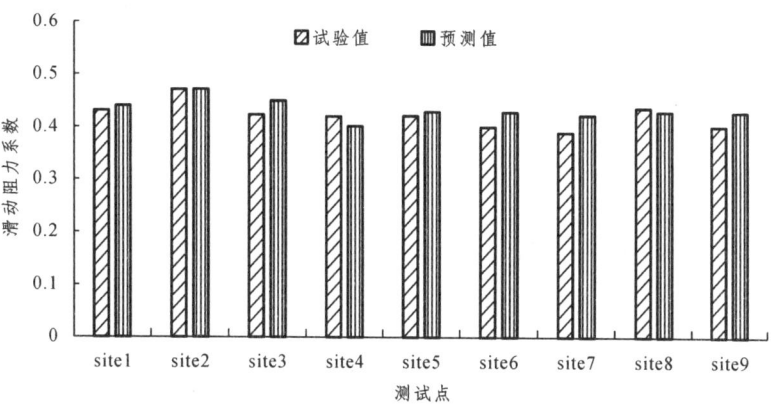

（b）30 km/h

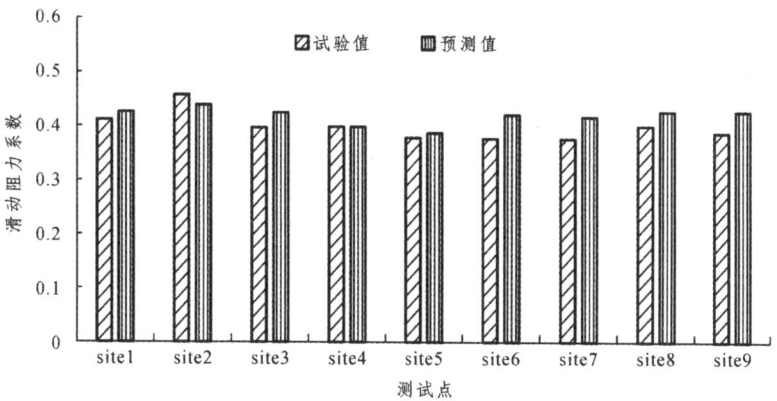

（c）40 km/h

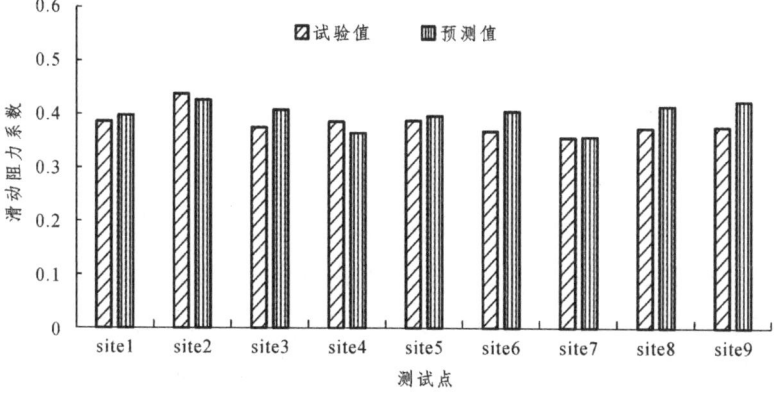

（d）50 km/h

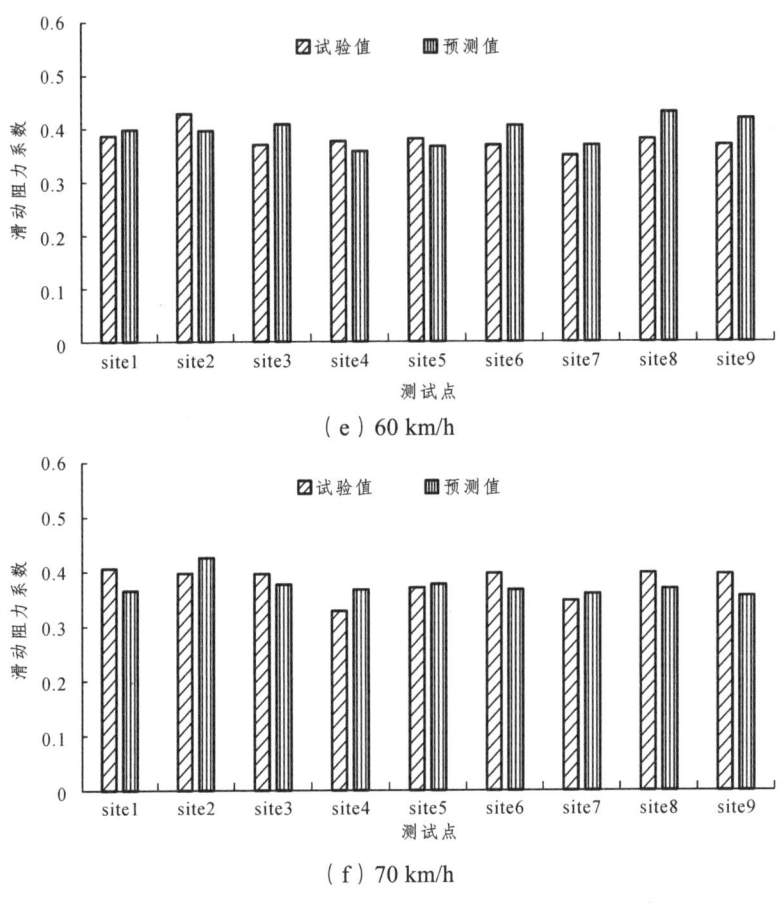

图 4-8　主成分回归模型验证

4.5　界面摩擦系数与滑动阻力关系分析

通过滑动阻力系数的有限元仿真计算，可以发现橡胶与三维路面接触界面间的摩擦特性深刻影响着路面滑动阻力。因此，有必要针对界面摩擦系数与滑动阻力的关联性展开讨论。文献[85]指出，滑动阻力与橡胶材料本构模型之间存在着密切的联系。在橡胶材料的本构模型中，除了线弹性模型以外，较为常用的是超弹性本构关系 Mooney-Rivlin 模型和 Yeoh 模型。因此，本节在分析界面摩擦系数对滑动阻力的影响规律时，同时考虑橡胶材料模型对滑动阻力计算结果的影响。另外，本节还将建立与橡胶块-三维路面相互作用模型同尺寸、同单元类型、同单元尺寸、同边界条件、同荷载的橡胶块-光滑路面相互作用模型，如图 4-9 所示，以探讨路面粗糙和路面光滑这两种截然相反的路面形态下，各因素与滑动阻力系数之间的关系。

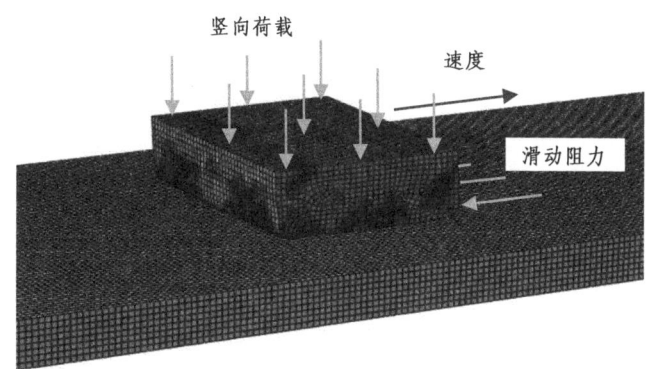

图 4-9　橡胶块-光滑路面相互作用有限元模型

4.5.1　材料参数设置

本节三维路面几何模型源于 2017 年采集的 LTPP SPS-10 俄克拉何马州项目对比段的一组路面纹理三维点云数据。根据 PIARC 对国际摩擦指标 IFI 测试速度的要求[217]，橡胶块滑动速度设为 60 km/h。橡胶与路面之间的界面摩擦特性依然采用指数衰减摩擦模型来表征。橡胶材料本构模型参数选取如表 4-7 所示。

表 4-7　橡胶本构模型参数

材料模型	模量参数/MPa	泊松比	密度/(kg/m³)
线弹性模型	$E = 100$	0.45	1.2×10^{-9}
Mooney–Rivlin 超弹性模型	$C_{10} = 0.805$ $C_{01} = 1.8$	0.45	1.2×10^{-9}
Yeoh 超弹性模型	$C_{10} = 0.730\,3$ $C_{20} = -0.179\,4$ $C_{30} = 7.957\,2 \times 10^{-2}$	0.45	1.2×10^{-9}

4.5.2 界面动态摩擦系数

为了研究界面动态摩擦系数对滑动阻力的影响，保持 μ_s 为 0.85，α 为 0.5，μ_k 从 0 增加到 0.7。μ_k 每增加 0.1 则计算一次滑动阻力系数，计算结果如图 4-10 所示。由图 4-10 可知，滑动阻力系数随着 μ_k 的增加而增长。在光滑路面中，滑动阻力系数在 0.1~0.68；在三维重建的粗糙路面中，滑动阻力系数在 0.19~0.9。随着路面几何模型从光滑路面变为粗糙路面，橡胶材料性质对滑动阻力系数的影响也发生了显著变化。在图 4-10（a）中，Yeoh 超弹性材料模型对应的滑动阻力系数低于线弹性模型和 Mooney-Rivlin 超弹性模型。在图 4-10（b）中，Yeoh 超弹性材料模型对应的滑动阻力系数几乎总是高于线弹性模型和 Mooney-Rivlin 超弹性模型，只是在 μ_k 为 0.7 时，Yeoh 超弹性材料模型的滑动阻力系数才低于其他两个模型。这说明，当 μ_s 和 α 保持恒定时，Yeoh 超弹性模型对路面粗糙度更敏感，更容易产生较高的滑动阻力。

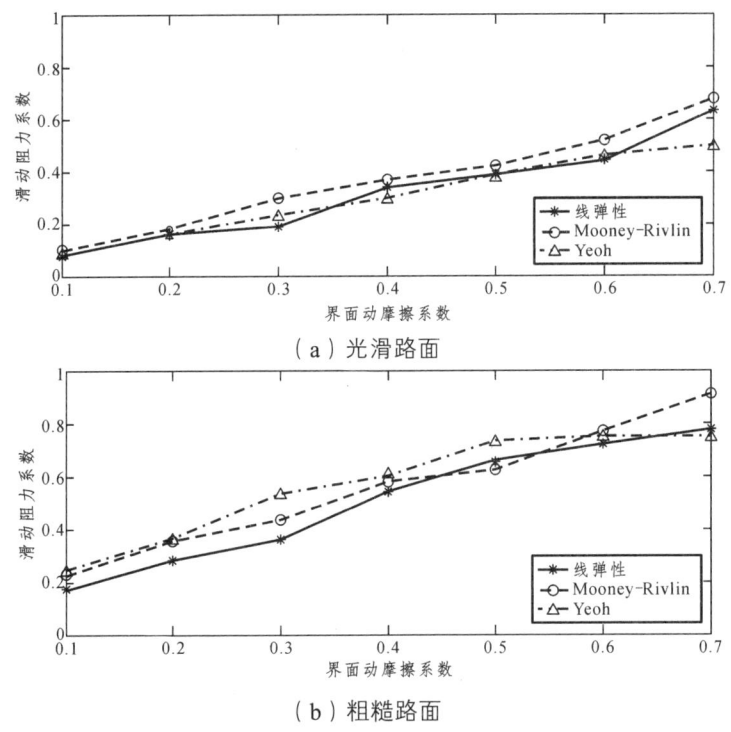

（a）光滑路面

（b）粗糙路面

图 4-10 界面动态摩擦系数与滑动阻力系数的关系

4.5.3 界面静态摩擦系数

为了研究界面静态摩擦系数对滑动阻力系数的影响,保持 μ_k 为 0.1,α 为 0.5,μ_s 从 0.2 增加到 1.0。μ_s 每增加 0.2,则计算一次滑动阻力系数,计算结果如图 4-11 所示。在图 4-11(a)中,随着橡胶材料模型的变化,滑动阻力系数几乎没有变化。在图 4-11(b)中,可以清晰的看到,不同的橡胶材料模型对应着不同的滑动阻力系数。由此可知,在 μ_k 和 α 保持恒定的情况下,滑动阻力系数明显受到路面粗糙度的影响。然而,无论是图 4-11(a)还是图 4-11(b),随着 μ_s 的增加,路面的滑动阻力系数不会出现明显的改变。这说明,橡胶的材料模型对滑动阻力系数的影响大于 μ_s 的影响。观察图 4-11(b)还可以知道,Yeoh 模型对应的滑动阻力系数最大,这说明在路面的粗糙纹理作用下,Yeoh 超弹性模型容易产生更高的滑动阻力系数。

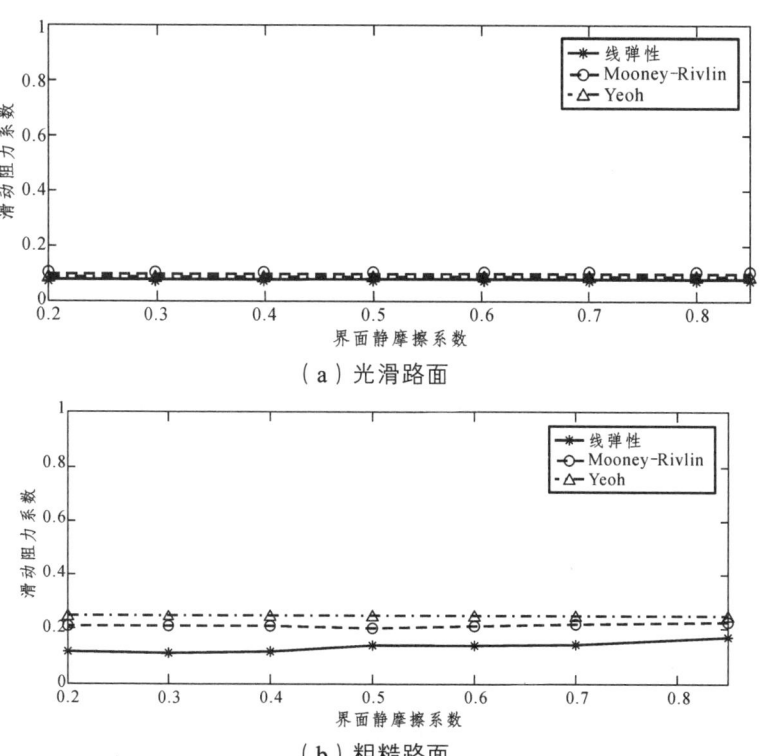

图 4-11 界面静态摩擦系数与滑动阻力系数的关系

4.5.4 界面指数摩擦衰减系数

为了研究界面指数摩擦衰减系数对滑动阻力系数的影响，保持 μ_s 为 0.85，μ_k 为 0.7，α 从 0.1 增加到 1.0。α 每增加 0.1，则计算一次滑动阻力系数，计算结果如图 4-12 所示。在图 4-12（a）中，随着 α 的增加，滑动阻力系数并没有显著的变化。在图 4-12（b）中，线弹性材料模型对应的滑动阻力系数，虽然最开始出现波动，但是很快就回归平稳状态；而 Monney-Rivlin 超弹性材料以及 Yeoh 超弹性材料对应的滑动阻力系数并没有出现显著的变化。由上可知，滑动阻力系数对 α 并不敏感。对比图 4-12（a）和图 4-12（b），还可发现，路面从光滑过渡到粗糙以后，Monney-Rivlin 超弹性材料对应的滑动阻力系数提升最为明显。这说明，在 μ_s 和 μ_k 保持恒定的情况下，Monney-Rivlin 超弹性材料对路面粗糙度最敏感。

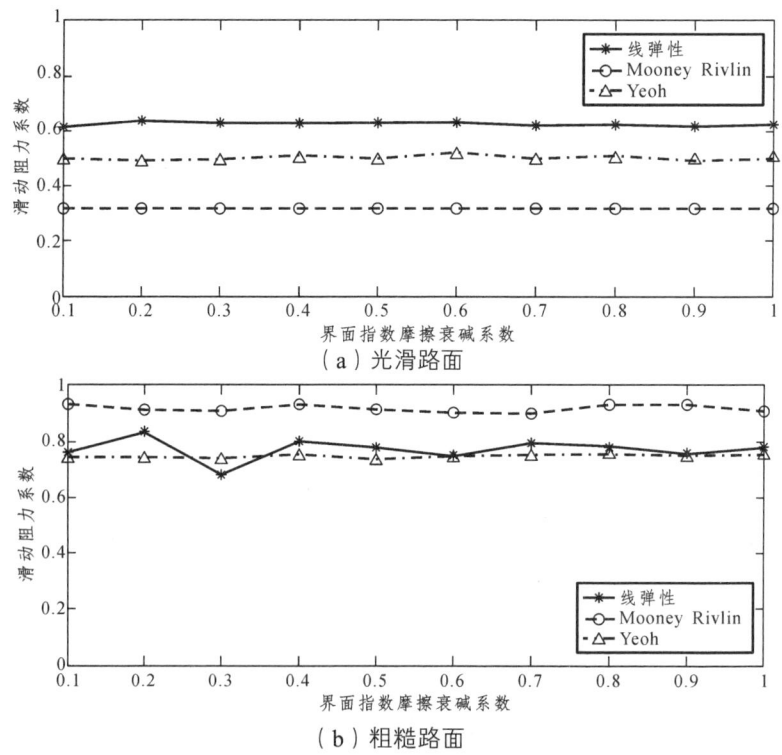

（a）光滑路面

（b）粗糙路面

图 4-12 界面摩擦衰减系数与滑动阻力系数的关系

4.5.5 参数显著性分析

为了量化界面摩擦特性和橡胶材料性质对滑动阻力系数的影响,基于图 4-10~图 4-12 呈现的结果数据进行置信度为 95% 的方差分析(ANOVA),分析结果如表 4-8 所示。从表中可以看出,橡胶材料类型以及 μ_k 的 P 值小于 0.001,表明它们对路面滑动阻力系数有着显著的影响。μ_s 的 P 值为 0.05,说明 μ_s 对路面滑动阻力系数的影响不及橡胶材料类型和 μ_k。α 的 P 值大于 0.05,说明它对路面滑动阻力系数的影响较小。根据 F 值可知,各参数对滑动阻力系数的影响程度排序依次为:μ_k,橡胶材料类型,μ_s,α。

表 4-8 ANOVA 检验结果

因素	DF[①]	SS[②]	MS[③]	F 值[④]	P 值	显著水平[⑤]
橡胶材料类型	2	0.119	0.060	21.386	0.000	***
μ_k	1	5.491	5.491	1 969.187	0.000	***
μ_s	1	0.011	0.011	3.954	0.050	*
α	1	0.000	0.000	0.000	0.995	
残差	66	0.184	0.003			
总计	71	5.805				

注:①自由度。②离差平方和。③均方,由离差平方和除以自由度得到。④因素对滑动阻力系数的影响评价,F 值越大,则影响越明显。⑤P 值 < 0.05 时为*;P 值 ≤ 0.01 时为**;P 值 ≤ 0.001 时为***。

4.6 本章小结

(1)本章介绍了三维路面模型的研究现状,指出目前的路面三维几何模型重构方法易对路面造成损害,并且仅限于室内数据采集,在增加了三维路面建模时间成本的同时,也无法实时大范围反映路面纹理信息;提出了基于激光三角法成像原理的三维路面有限元模型重构新方法,基于高精度路面纹理点云数据跨平台编制了三维路面重构程序,率先完成了由现场路面高精度三维纹理点云数据到现场路面纹理有限元模型的转换。

（2）通过 Abaqus 软件建立橡胶块-三维路面相互作用有限元模型；使用指数衰减摩擦模型来表征橡胶块-三维路面界面摩擦特性，通过单元收敛性分析确定了橡胶单元尺寸；通过 DFT 测试仪在 20 km/h、40 km/h、60 km/h 时采集的滑动阻力系数反算界面摩擦系数，使用 30 km/h、50 km/h、70 km/h 时的滑动阻力系数进行了验证；结果表明橡胶块-三维路面相互作用有限元模型可以有效模拟 DFT 测试仪的路面抗滑性能测试过程。

（3）通过 Butterworth 滤波器将路面纹理点云数据分离为宏观纹理数据和微观纹理数据，计算宏观纹理、微观纹理的区域三维纹理表征参数，评价了纹理三维特征之间的关联性，建立了界面摩擦系数的主成分回归模型并进行了验证，认为宏观、微观三维纹理特征互相叠加，共同影响着界面摩擦系数，当纹理评价手段从宏观层面过渡到微观层面以后，纹理对界面摩擦系数的影响也随之发生明显变化。

（4）研究发现：当 μ_s 和 α 保持恒定时，橡胶的 Yeoh 超弹性模型对路面粗糙度更敏感，更容易产生较高的滑动阻力系数，并且滑动阻力系数随着 μ_k 的增加而增长；当 μ_k 和 α 保持恒定时，橡胶的 Yeoh 超弹性模型依然对路面粗糙度更敏感，更容易产生较高的滑动阻力系数，并且随着 μ_s 的增加，路面的滑动阻力系数不会出现明显的改变；当 μ_s 和 μ_k 保持恒定时，Monney-Rivlin 超弹性材料对路面粗糙度最敏感，更容易产生较高的滑动阻力系数，并且随着 α 的增加，滑动阻力系数并没有显著的变化；通过显著性分析，可知各参数对滑动阻力系数的影响顺序依次为 μ_k、橡胶材料类型、μ_s 和 α。

（5）本章充分研究了界面摩擦参数与路面抗滑性能之间的关系，为第 5 章基于路面摩擦值计算轮胎刹车距离提供了思路。

5.

基于区域三维纹理表征的轮胎刹车距离预测

基于现场实测三维高精度纹理数据的沥青路面抗滑性能预测研究

道路交通事故中的车辆追尾和侧滑事故通常与车辆的刹车距离紧密相关[93]。因此，刹车距离是道路线型设计以及交通事故责任追究中的一项关键参数，也被认为是评价路面抗滑性能的重要指标[103]。界面摩擦对路面抗滑性能的影响已经在上一章节得到了深入的探讨。本章将基于轮胎与路面的界面接触特性，以DFT测试仪测得的路面摩擦值作为输入来计算轮胎刹车距离，并探讨其与路面纹理之间的联系。

本章将首先介绍轮胎刹车距离的基本计算方法，阐述ASTM E524轮胎的基本参数，根据接触搜寻算法以及接触面相互作用模型建立了ASTM E524轮胎二维、三维有限元模型，然后通过静载试验仿真验证轮胎模型并反算轮胎橡胶材料模量，根据流固耦合基本方程、边界条件以及VOF液面追踪技术建立并验证ASTM E524轮胎滑水有限元模型。以DFT测试仪的测试数据为输入参数计算轮胎附着系数，并基于附着系数计算轮胎刹车距离，再建立基于路面区域三维纹理表征参数的轮胎刹车距离神经网络预测模型。最后建立轮胎刹车距离的主成分回归模型，分析区域三维纹理表征参数与轮胎刹车距离之间的关联性。本书在刹车距离计算和预测中综合考虑了轮胎、水膜和路面纹理特征，为建立基于车辆因素、环境因素和路面因素的路面抗滑性能评价模型提供参考。

5.1 轮胎刹车距离基本计算方法

轮胎刹车距离是轮胎从开始减速到完全停止这一时间段内行驶过的距离，是评价路面抗滑性能的一项重要指标[101]。欧盟国家和英国根据道路的设计行驶速度而指定了刹车距离限值，为道路交通安全事故责任评定提供了借鉴，如表5-1所示。

表5-1 欧盟/英国刹车距离限值表

地点	路面设计速度/(km/h)	刹车距离限值/m
欧盟	60	70
	80	100

5 基于区域三维纹理表征的轮胎刹车距离预测

续表

地点	路面设计速度/（km/h）	刹车距离限值/m
欧盟	100	150
	120	200
	140	300
英国	50	70
	60	90
	70	120
	85	160

该表的局限性在于：只给出了特定路段的刹车距离参考值，无法根据车辆的实际行驶状态来评估其刹车距离。而 AASHTO 规范[172]推荐的轮胎刹车距离计算公式弥补了刹车距离限制表的不足，该公式如下：

$$D_{\mathrm{B}} = \frac{v^2}{2(a+gG)} \quad (5\text{-}1)$$

式中：D_{B} 为轮胎刹车距离；a 为轮胎减速度；v 为轮胎开始减速时的行驶速度；G 为路面等级；g 为重力加速度。AASHTO 规范[103]认为，$3.4\ \mathrm{m/s^2}$ 是一个较低的、让乘客感受舒适的减速度。因此，在计算轮胎刹车距离时，建议轮胎减速度 a 的取值为 $3.4\ \mathrm{m/s^2}$。

式（5-1）考虑了轮胎减速度、减速初期的行驶速度、轮胎附着系数、路面等级对轮胎刹车距离的影响，可用于估计现场行车条件下车辆的刹车距离。然而，在车辆实际行驶过程中，其刹车距离还与路面水膜厚度等因素有关，式（5-1）的计算中并没有考虑到水膜带来的影响。鉴于此，Ong 等[99]建立了 NUS 模型，对 ASTM E524 光面轮胎-水膜-路面相互作用关系进行仿真模拟，以此提出了基于 ASTM 轮胎滑水模型的轮胎刹车距离计算方法。

该方法首先建立 ASTM E524 光面轮胎模型，然后通过静载试验的接地印迹来验证其轮胎材料参数,再通过 NASA 滑水公式进一步验证 ASTM E524 光面轮胎-水膜-路面耦合作用模型，然后计算轮胎的附着系数并进一步算出刹车距离。具体计算过程如下：

轮胎刹车距离的计算式为

$$D = \int_0^T v(t)\mathrm{d}t = \sum_i (\Delta x)_i = \sum_i (\Delta v)_i \cdot (\Delta t)_i \quad (5\text{-}2)$$

式中：D 为轮胎刹车距离；$v(t)$ 为轮胎在 t 时刻的滑动速度；T 为轮胎从开始滑动到完全停止所花费的时间；Δx 为轮胎在单位时间滑动的距离。

在刹车过程中，轮胎的速度变化过程如图 5-1 所示，其在任意时刻速度的计算式为

$$v(t) = v(0) - \int_0^t a(t)\,\mathrm{d}t \quad (5\text{-}3)$$

式中：$a(t)$ 为轮胎在 t 时刻的减速度。在 $a(t)$ 已知的情况下，$v(t)$ 到 $v(0)$ 所消耗的时间为

$$\Delta t = \frac{v(0) - v(t)}{a(t)} \quad (5\text{-}4)$$

根据牛顿第二运动定律以及 ONG 等[99]的研究成果，轮胎的减速度是轮胎附着系数与路面等级的函数，如下：

$$a(t) = [\mu(t) + G]g \quad (5\text{-}5)$$

式中：$\mu(t)$ 为轮胎附着系数；G 为路面等级（通常取值为常量）；g 为重力加速度。本研究中，G 和 g 的取值分别为 0 和 9.81 m/s^2[99]。

综合式（5-2）~式（5-5），可知，在轮胎附着系数已知的情况下，轮胎刹车距离的综合计算公式为

$$D = \sum_i (\Delta v)_i \cdot \left\{ \frac{v(0) - v(t)}{[\mu(t) + G]g} \right\}_i \quad (5\text{-}6)$$

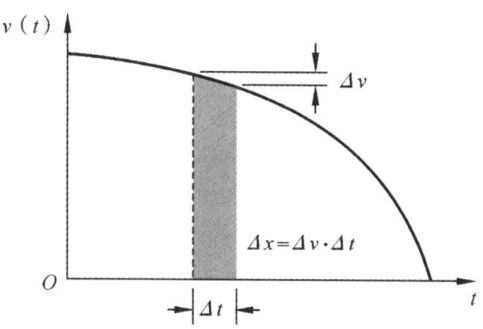

图 5-1 轮胎刹车速度变化过程

5.2 ASTM E524 轮胎基本属性

NUS 仿真模型有效模拟了轮胎-水膜-路面的相互作用关系，为复杂行车条件下的轮胎附着系数计算以及轮胎刹车距离预测提供了方法。在 NUS 仿真模型中，轮胎扮演了重要的角色。因此，掌握轮胎基本构成及其材料性质对于模拟 ASTM E524 轮胎-水膜-路面相互作用关系至关重要。

5.2.1 轮胎构成和材料模型

轮胎是车辆的重要部件，在承受复杂的车辆荷载的同时，也将车辆荷载传递到路面。其主要功能体现在：承载车重，与车辆悬架协调作用，吸收并缓冲车辆行驶过程中受到的冲击和振动；为车辆行进提供良好的抓地性能，使汽车可以稳定行驶[173]。

现代乘用车轮胎的组成部分包括胎面、胎冠、胎侧、帘布层、带束层、胎体、胎圈和气密层；其主要材料分为帘线骨架增强材料和橡胶。帘线骨架增强材料嵌入橡胶内部，形成橡胶加强层[174]，使得轮胎具有合适的强度和弹性，在复杂应力/应变条件下能够维持外轮廓不变形，对路面振动和冲击起到缓冲作用。帘线骨架增强材料包括帘布层、带束层和胎圈等。

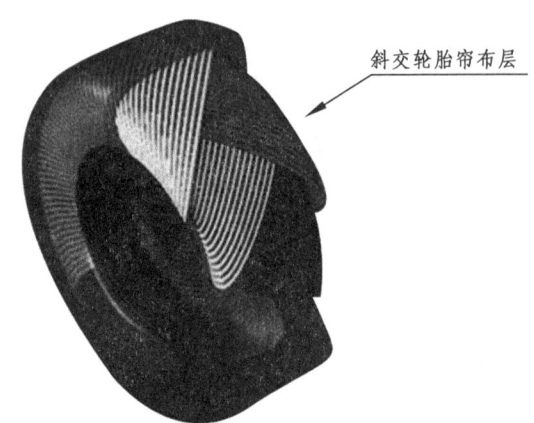

图 5-2 斜交轮胎[177]

按照骨架连线材料的构成，轮胎可为三种类型：斜交轮胎（Diagonal bias tire）、子午线轮胎（Radial tire）和带束斜交轮胎（Bias belted tire）。斜交轮胎的帘线骨架增强材料一般为帘布层，分布于胎冠和胎体，如图 5-2 所示。斜交轮胎的优点在于结构简单、制造方便、对地面突起的包络性大、平顺性好；但缺点是胎侧易开裂，磨耗大，滚动阻力大，耗费燃料。因此，斜交轮胎目前仅局限于农业车辆、矿山车辆、港口码头叉车等领域使用[175-177]。

子午线轮胎的帘线骨架增强材料包含帘布层和带束层。子午线轮胎的胎冠部分需用二层以上的带束层来束缚轮胎的周向变形，胎体通常只需一、二层或更少的帘布层，如图 5-3 所示。子午线轮胎的帘布层一般与胎冠中心线成 90° 夹角。子午线轮胎的优点在于节能，缓冲效果较好，在干、湿路面上的牵引力和抓着力优良。子午线轮胎目前得到国家的大力提倡，广泛应用于工业领域和日常生活中[16,173]。

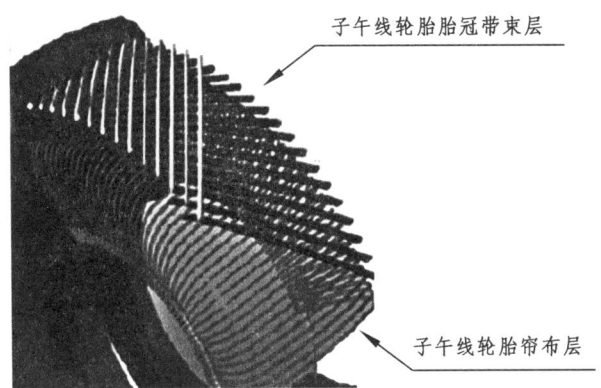

图 5-3　子午线轮胎[177]

带束斜交轮胎是斜交轮胎向子午线轮胎的过渡产品，如图 5-4 所示，它的结构兼具普通斜交轮胎和子午线轮胎的特点。其帘布层帘线与胎冠中心线的交叉角小于普通斜交轮胎的交叉角，大于子午线轮胎的交叉角。其轮胎使用性能兼具斜交轮胎结构简单、制造方便、对地面突起的包络性大以及子午线轮胎节能、缓冲效果好、抓地性能优良的特点。

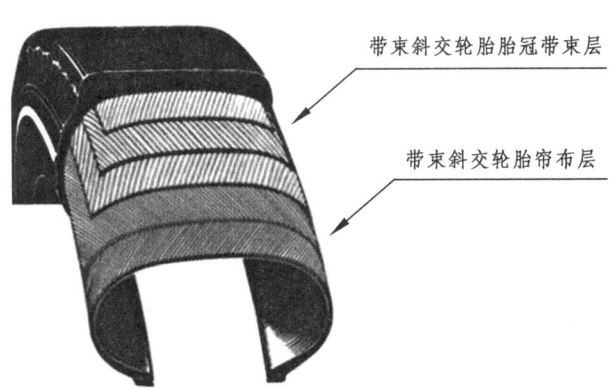

图 5-4　带束斜交轮胎[16]

目前，对于轮胎骨架帘线材料的建模方法一般分为线弹性简化近似法、均匀化理论近似法、细观力学近似法和加强筋单元法[178]。线弹性简化近似法认为轮胎骨架处于小变形状态，对骨架帘线复合材料进行线弹性假设，通过试验测定复合材料的杨氏模量或用梁单元来近似模拟。均匀化理论近似法则是把橡胶-帘线复合材料考虑为具备微观周期特性的特殊材料,提取其子结构开展研究[179]。细观力学近似法认为橡胶-帘线复合材料的应力-应变关系是线性的,采用赫尔曼公式、高夫-汤哥拉公式、哈尔平-蔡公式和赤坂-平野公式对橡胶-帘线复合材料做线性等效处理[180]。加强筋单元则使用重叠单元的方法,使得筋元嵌入基体单元,基体单元则与筋元共享节点位置信息。可以看出,线弹性简化近似法、均匀化理论近似法和细观力学近似法采用了简单应力状态或线弹性假设,方便建模且计算效率较高。加强筋单元法在建模方法上更加精细,更能反映橡胶-帘线结构的工艺细节。

轮胎橡胶材料主要成分是天然橡胶或合成橡胶,在制造过程中还添加了炭黑、操作油、硫化体系、防护体系等助剂在内,其质量达到轮胎总体质量的80%左右。目前在描述轮胎橡胶材料的力学特征时[181],主要使用了线弹性模型、超弹性模型和黏弹性模型。

(1)线弹性模型。

当轮胎在外力作用下仅产生微小变形时,橡胶材料的受力状态满足小变形假设[182],可对橡胶材料本构关系进行线弹性简化,需要确定的材料参数为杨氏弹性模量 E 和泊松比 μ。若用剪切模量 G 和体积模量 K 来表征橡胶材料参数,则两者的换算过程可表示为

$$G = E/[2(1+\mu)] \qquad (5\text{-}7)$$

$$K = E/[3(1-2\mu)] \qquad (5\text{-}8)$$

橡胶材料通常被视为不可压缩和各向同性均值材料。因此其泊松比 $\mu \approx 0.5$,代入式(5-7)和式(5-8),可得

$$G = E/3 \qquad (5\text{-}9)$$

$$K \to \infty \qquad (5\text{-}10)$$

杨氏弹性模量一般可通过单轴拉伸或压缩试验、弯曲和扭转等基础材料力学试验获得。当轮胎受到外荷载作用时,根据弹性理论中的胡克定律,橡胶线弹性本构关系如下:

$$\begin{cases} \varepsilon_x = [\sigma_x - \mu(\sigma_y + \sigma_z)]/E \\ \varepsilon_y = [\sigma_y - \mu(\sigma_z + \sigma_x)]/E \\ \varepsilon_z = [\sigma_z - \mu(\sigma_x + \sigma_y)]/E \\ \gamma_{yz} = \tau_{yz}/G, \gamma_{zx} = \tau_{zx}/G, \gamma_{zy} = \tau_{zy}/G \end{cases} \quad (5\text{-}11)$$

（2）超弹性模型。

当轮胎承受较大荷载而产生较大的变形时，橡胶材料的受力状态满足大变形分析的条件[182]，其一般被视为不可压缩和各向同性的超弹性体。在确定橡胶材料的超弹性本构关系过程中，首先需要了解如下定义[183, 184]：

① 变形梯度：$F = \dfrac{\partial x}{\partial X}$。其中，$x$ 为材料某一质点的当前位置，也称 Euler 坐标；X 为该材料质点的参考位置，也称 Lagrangian 坐标。

② 体积变化量：$J = \det(\boldsymbol{F})$。其中，det 表示求行列式。

③ 消除了体积变化的变形梯度：$\overline{\boldsymbol{F}} = J^{-\frac{1}{3}}\boldsymbol{F}$。

④ $\overline{\boldsymbol{F}}$ 的左柯西-格林应变张量：$\overline{\boldsymbol{B}} = \overline{\boldsymbol{F}} \cdot \overline{\boldsymbol{F}}^{\mathrm{T}}$。

⑤ 左柯西-格林应变张量的第一应变不变量：$\overline{I}_1 = \mathrm{trace}\overline{\boldsymbol{B}} = \boldsymbol{I} : \overline{\boldsymbol{B}}$。其中，$\boldsymbol{I}$ 是单位矩阵。

⑥ 左柯西-格林应变张量的第二应变不变量：$\overline{I}_2 = \dfrac{1}{2}[\overline{I}_1^{\,2} - \mathrm{trace}(\overline{\boldsymbol{B}} \cdot \overline{\boldsymbol{B}})]$

橡胶材料中，一点的柯西应力张量如下[185]：

$$\sigma = -p\boldsymbol{I} + 2\dfrac{\partial W}{\partial \overline{I}_1}\overline{\boldsymbol{B}} - 2\dfrac{\partial W}{\partial \overline{I}_2}\overline{\boldsymbol{B}}^{-1} \quad (5\text{-}12)$$

式中：$\boldsymbol{I}$ 为单位张量；P 为静水压力；W 为应变能密度函数。

可以看出，应变能函数可以用来表征橡胶材料的超弹性本构关系，两种常用的应变能函数是[186]：

Mooney-Rivlin 模型。

$$W = C_{10}(\overline{I}_1 - 3) + C_{01}(\overline{I}_2 - 3) \quad (5\text{-}13)$$

式中：W 为应变能密度函数；C_{10} 和 C_{01} 为试验确定的常量，$\overline{I}_1$ 和 $\overline{I}_2$ 为左柯西-

格林应变张量的第一和第二应变不变量。

（3）Yeoh 模型。

$$W = C_{10}(\overline{I}_1 - 3) + C_{20}(\overline{I}_2 - 3)^2 + C_{30}(\overline{I}_1 - 3)^3 \quad (5\text{-}14)$$

式中：W 为应变能密度函数；C_{10}，C_{20}，和 C_{30} 为试验确定的常量；$\overline{I}_1$ 和 $\overline{I}_2$ 为左柯西-格林应变张量的第一和第二应变不变量。

然而，由于环境温度、加卸载速率、变形历程对橡胶材料的力学性质有着显著的影响，橡胶材料的力学行为变得难以描述。一般情况下，可以基于均匀性假设对橡胶材料的力学参数进行测试[187,188]。常用的试验方法为单轴、双轴、平面与体积拉伸压缩实验，如图 5-5 所示。

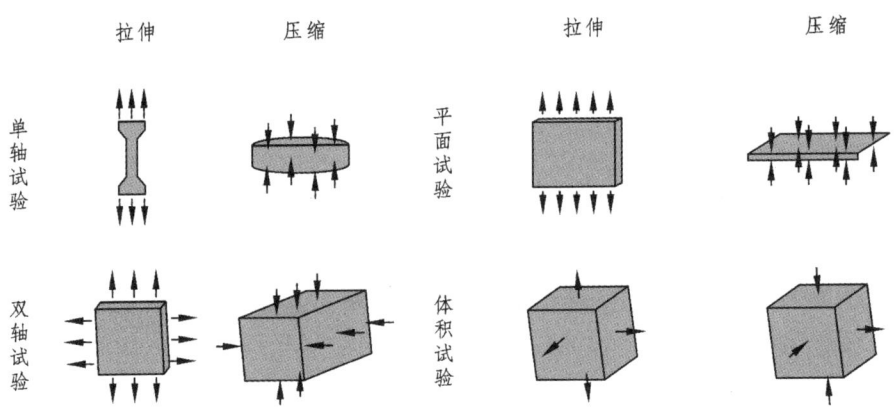

图 5-5 橡胶材料基础试验示意

（4）黏弹性模型。

在进行轮胎仿真时，橡胶材料的黏弹性模型一般与线弹性模型或超弹性模型叠加使用。轮胎橡胶的黏弹性用来表征橡胶材料发生滞后变形而产生的能量损耗，其黏弹性材料参数一般可采用单轴拉伸蠕变、松弛试验或剪切蠕变、松弛试验获得[189]。橡胶材料在单向拉伸过程中，加载和卸载过程可形成一个迟滞回环[70]，如图 5-6 所示。当轮胎滚动时，橡胶材料持续经历周期变形[190]，就相当于经历了无数个加载卸载过程，由此损耗的能量转化为一定的黏弹性阻力[191,192]，研究人员称这个阻力为轮胎滚动阻力（Rolling Resistance）。

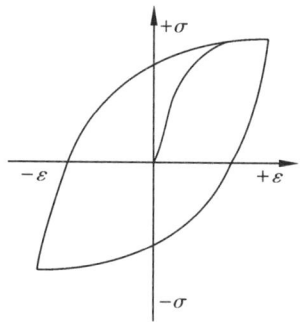

图 5-6　橡胶材料单向拉伸应力-应变示意

目前，多种橡胶材料黏弹性本构模型可用于描述轮胎滚动过程的滞后变形现象[193]，而有限元分析中常采用广义 Prony 模型[194]。因此，本研究采用广义 Prony 模型表征轮胎橡胶材料的黏弹性本构关系。该模型的本构方程如下：

$$\begin{cases} \boldsymbol{\tau}(t) = G_0 \int_0^t g_R(t-s)\,\gamma(s)\,\mathrm{d}s \\ \boldsymbol{p}(t) = -K_0 \int_0^t k_R(t-s)\,\varepsilon^{\mathrm{vol}}(s)\,\mathrm{d}s \end{cases} \quad (5\text{-}15)$$

式中：G_0，K_0 为瞬时剪切模量和体积模量；$\boldsymbol{\tau}$，$\boldsymbol{p}$ 为应力偏张量和应力球张量；g_R、k_R 为归一化的剪切和体积松弛模量；γ，$\varepsilon^{\mathrm{vol}}$ 为偏应变和体应变张量；t 为当前时间；s 为过去时间。g_R、k_R 的表达式为

$$\begin{cases} g_R(t) = 1 - \sum_{i=1}^{N} g_i^p (1 - \mathrm{e}^{-t/\tau_i^G}) \\ k_R(t) = 1 - \sum_{i=1}^{N} k_i^p (1 - \mathrm{e}^{-t/\tau_i^k}) \end{cases} \quad (5\text{-}16)$$

式中：g_i^p，k_i^p，τ_i^G，τ_i^k 是材料的 Prony 系数。

5.2.2　ASTM E524 轮胎结构特征

ASTM E524 轮胎属于带束斜交轮胎类型，是锁轮型摩擦测试仪进行路面抗滑性能试验的指定轮胎类型[123]。与带肋轮胎相比，该轮胎对道路表面的纹

理更为敏感，测得的轮胎附着系数与路面三维纹理参数联系更为紧密[195]。ASTM E524 轮胎具体型号为 G78-15 无内胎光面轮胎，含有两层胎体帘布层和两层胎冠帘布层。该轮胎的胎面橡胶主要材料为 SBR 1712 硫化橡胶，还包括顺丁橡胶、氧化锌、硬脂酸、石蜡、N339 炭黑、6PPD 橡胶防老化剂、高芳烃油、TBBS 橡胶促进剂、DPG 橡胶硫化促进剂、硫磺等。胎面橡胶各组分配比如图 5-7 所示。轮胎帘布层材料一般为纤维材质[123]。该型号轮胎外径为 703 mm，胎面宽度为 148.6 mm，横截面胎面半径为 393.7mm±50.8mm，胎面厚度为 9.8 mm，胎冠（胎面下层）厚度为 2.5 mm，如图 5-8 所示（彩图请扫二维码）。当轮胎被固定在 15×6JJ 型号的轮辋上时，推荐横截面宽度和高度分别为 212.1 mm 和 161.0 mm。胎体层帘线斜交角度为 33°±2°，胎冠层帘线斜交角度为 27°±2°。轮胎充气荷载一般不低于 165 kPa，常用静荷载一般为 4 826 N。

图 5-7 彩图

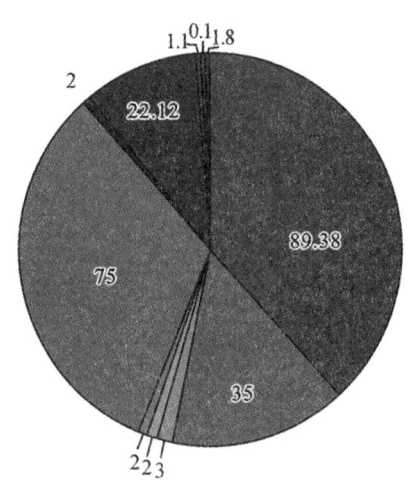

图 5-7 ASTM E524 轮胎橡胶组分

5 基于区域三维纹理表征的轮胎刹车距离预测

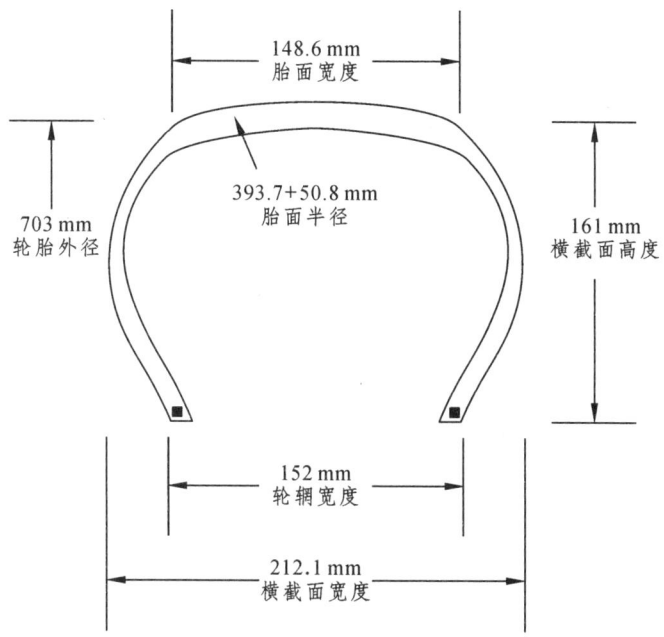

图 5-8 ASTM E524 轮胎横截面轮廓尺寸

在描述轮胎橡胶的大变形特性时，一般选用超弹性模型与黏弹性模型模拟橡胶材料的本构关系[15,16]。然而，轮胎制造商都不愿意透露轮胎材料和轮胎结构的详细信息，ASTM E524 轮胎也不例外。鉴于 ASTM E524 轮胎造价高昂不容易获得，Ong 等[98]的 NUS 模型使用线弹性简化近似模型模拟了锁轮型摩擦测试仪的 ASTM E524 轮胎，将轮胎的所有部位都设置为线弹性材料；对于骨架帘线的增强作用[196]，则通过提高对应部位的杨氏模量值来表征；结果表明，在承受常规荷载时，线弹性模型也可以近似反映轮胎与路面的相互作用关系[98,102,191]。因此，本研究借鉴了 Ong 等[98]的研究成果，将 ASTM E524 轮胎分成胎面、胎冠和胎侧三个部位，使用线弹性材料模型来表征不同部位的应力-应变关系。

本研究中，胎面材料的线弹性材料模型参考 Ong 等[98]的研究成果，其杨氏模量为 100 MPa，泊松比为 0.45。由于胎面处于轮胎整体受力结构的最外层，与路面直接接触，其黏弹性特性对于轮胎-路面相互作用关系有着显著的影响，因此，有必要考虑胎面材料的黏弹性材料特性。其黏弹性材料参数如表 4-1 所示。

对于胎侧和胎冠而言，两者的材料属性以及结构特征有着很大的不同，其增强材料分别为带束层纤维和帘布层纤维。因此，对于胎侧和胎冠线弹性材料模型的参数选取，需要通过轮胎有限元模型的验证反算得出。另外，胎侧和胎冠并不与路面直接接触，其黏弹性特性对于轮胎附着系数的计算并没有显著的影响[16]，为了简化计算，可以在仿真时不考虑其黏弹性特性。

5.3 轮胎建模及材料模量反算

ABAQUS 软件因其友好的人机交互界面以及在处理复杂非线性问题时的卓越表现而广泛应用于各国的工业应用和科学研究中。各大轮胎制造厂商在进行轮胎设计与优化时，也优先使用该软件进行轮胎的静力和动力分析。该软件的材料库包含了橡胶常用的本构模型，用户还可以直接引用已有的橡胶材料参数或者根据试验数据自动拟合出橡胶材料的本构参数。该软件结合轮胎设计流程中的难点，为用户提供了一套完整的轮胎设计解决方案，大大缩短了设计周期，被全球的轮胎制造商、制车企业以及研究机构广泛使用[15,181,182,189,190,199]。由于 ABAQUS 在轮胎设计领域的通用性，本研究使用 ABAQUS 软件建立 ASTM E524 轮胎有限元模型。

由于 ASTM E524 轮胎与路面的接触条件会对轮胎附着系数的计算产生直接的影响，因此，本节首先探讨 ABAQUS 软件中的轮胎与路面接触算法，然后再介绍 ASTM E524 轮胎二维和三维有限元模型的建模过程。

5.3.1 轮胎路面接触搜寻算法

当 ASTM E524 轮胎与路面接触时，垂直于接触面上的力会反作用于轮胎表面和路面上。当轮胎表面与路面存在相互滑动的趋势时，两者的接触面会出现大小相等，方向相反的切向接触力。这种切向接触力可被视为一种特殊的不连续非线性约束。当胎面与路面发生接触时，约束才会产生，接触力会通过胎-路接触面进行传递。当胎面与路面发生分离时,约束就不再产生作用,也不再产生力的传递。在进行轮胎-路面相互作用仿真分析时,必须能够判断胎面与路面何时发生接触,并采用相应的接触约束;也必须能够判断两个接触面何时分离,并解除约束作用。本书通过 ABAQUS/Explicit 的接触功能来定义接触表面和接触属性。

在 ABAQUS/Explicit 中,接触功能被定义为约束的一个种类,可以在模型求解过程随着计算要求的改变而开启或者关闭[184]。ABAQUS/Explicit 可以定义任意数目的接触表面并在模拟过程中增加或修改表面。接触表面一般可通过两个接触体的单元面建立。对于轮胎模型而言,一般采用三维实体单元来进行几何离散。ABAQUS 可自动确定三维实体单元的自由面,可通过命令"*SURFACE DEFINITION"将所有具备潜在接触特征的自由面包括进来以创建接触面。对于路面模型,由于锁轮型摩擦测试仪的载荷较轻,路面变形本来就很微弱,再和 ASTM E524 轮胎胎面橡胶的大变形相比较而言,路面的变形过程几乎可以忽略不计。因此,在进行路面的仿真模拟时,可以将路面模型考虑为刚体。离散刚性表面更能模拟道路表面的几何形状,因此可通过命令"*SURFACE DEFINITION"将路面定义为离散刚性表面。

为了定义接触表面之间的相互作用,ABAQUS/Explicit 通过定义接触对来决定采用小滑移公式还是有限滑移公式。小滑移公式仅适用于接触面单元尺寸大于接触滑移面的相对位移或者相对转动角度的情况。与之相反的,有限滑移公式则适用于接触面单元尺寸小于接触滑移面的相对位移或者相对转动角度的情况,它对于接触滑移面的相对运动没有特定限制。对于轮胎沿着路面快速滑动的工况而言,使用有限滑移公式来表征轮胎与路面之间的接触状态是合适的。

为了判断一个接触面上的节点是否与对面接触面的某一个单元面相接触,在每一个增量步开始的时候,ABAQUS/Explicit 都要计算整个主接触面上各节点与从接触面之间的距离,再据此确定主接触面上与从接触面距离最近的点。需要注意的是,为了提高计算精度,在不过分耗费计算时间的前提下,细化网格在进行接触搜寻时显得尤为重要。对于轮胎路面相互作用模型来说,大变形特征明显的轮胎表面通常作为接触对的从面，而刚性特征明显的路面通常作为接触对的主面。在从面与主面接触的过程中，主面侵入从面的情况时有发生，如图5-9（a）所示。在主面是刚体表面的情况下，作为变形体的从面必须充分细划，以适应刚体的任何形状，如图5-9（b）所示。因此，对于轮胎表面与路面相接触的一部分表面而言，其单元尺寸至少不应该大于路面的单元尺寸。

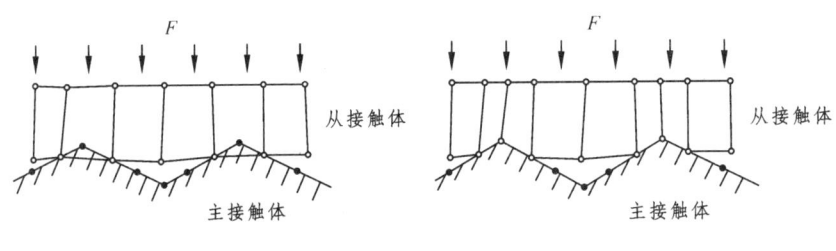

（a）主面侵入从面　　　　　　（b）从面网格细化防止侵入

图5-9　主从面网格划分

另外，主面的平滑也有助于提高计算的准确性。在主面采用离散刚体模拟路面的不平整时，其表面可能会存在尖角，如图5-10（a）所示。在从面与主面接触的过程中，从面的接触节点可能会"触礁"。这将导致撞到尖角的节点被阻止继续向前运动，当其他区域的能量积累足够以后，该节点又会迅速滑出。这样会产生振荡的结果，严重的情况会导致计算不收敛。然而，当主面的尖角被平滑以后，从面与主面的接触变得顺滑，如图5-10（b）所示，发生计算振荡的概率将会大大降低。

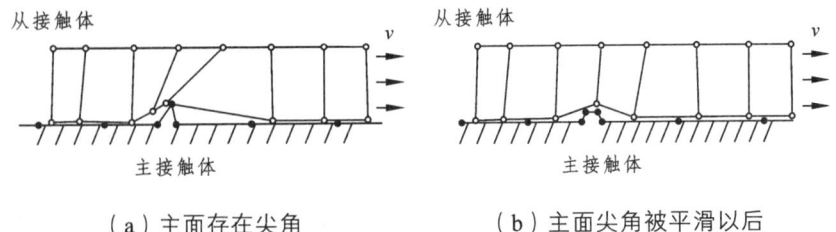

（a）主面存在尖角　　　　　　（b）主面尖角被平滑以后

图5-10　尖角潜在影响对比

5.3.2 轮胎路面接触面相互作用模型

在轮胎路面相互作用有限元模型的接触条件设定中，一般使用硬接触来表征法向接触条件，使用库仑摩擦模型来表征切向接触条件。

在库仑摩擦理论中，若等效摩擦应力 τ_{eq} 小于临界剪应力 τ_{crit}，则两个接触面没有相对滑动发生；反之，则两个接触面发生相对滑动。即 $\tau_{eq} < \tau_{crit}$，黏接；$\tau_{eq} \geqslant \tau_{crit}$，滑动。其中，$\tau_{eq} = \sqrt{\tau_x^2 + \tau_y^2}$；$\tau_{crit} = \mu p$；$p$ 为接触点的接触压力。μ 是接触压力 p、滑动速率 $\dot{\gamma}_{eq}$、接触点的表面温度和其他相关变量 ζ 相关的函数。其中，$\dot{\gamma}_{eq} = \sqrt{\dot{\gamma}_x^2 + \dot{\gamma}_y^2}$，$\dot{\gamma}_x^2$ 和 $\dot{\gamma}_y^2$ 分别是接触面上横向和纵向的滑动速率。库仑摩擦力的各个分量示意如图 5-11 所示。

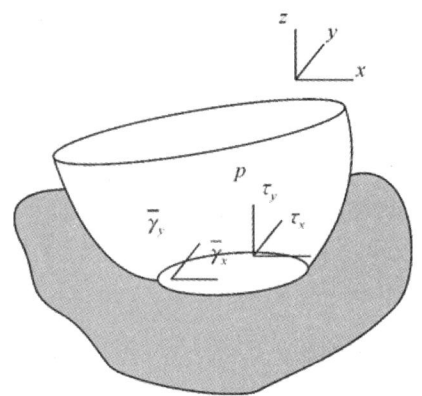

图 5-11 库仑摩擦分量示意

ABAQUS 常用的摩擦算法有罚函数法、拉格朗日乘子法和动态接触算法。

罚函数法是将附加约束条件引入泛函以进行求解的方法，对于接触问题，可以将泛函表示为

$$\Pi = \Pi_e + \Pi_{CP} \tag{5-17}$$

式中：Π_e 是不包括接触条件的总位能；Π_{CP} 是罚函数法中附加了接触初始条件和边界条件的泛函，可以理解为在刚性接触面设置了具备一定刚度的"接触弹簧"。

这个"接触弹簧"刚度较低，在进行摩擦计算时只能逼近于真实摩擦滑动行为，并且很有可能发生贯入现象。惩罚因子过高会导致收敛问题发生，

较低的惩罚因子会导致击穿现象发生，因此，对于这个弹簧的刚度选择就很重要[200]。罚函数引入的附加项（接触弹簧）表达式如下：

$$\varPi_{\mathrm{CP}} = \frac{1}{2} \int_{\varGamma_c} [\varepsilon_N (\bar{g}_N)^2 + \varepsilon_T g_T^2] \mathrm{d}A, \quad \varepsilon > 0, \quad \varepsilon_T > 0 \tag{5-18}$$

式中：ε_N 和 ε_T 为惩罚因子；g_N 和 g_T 分别为法向和切向间隙函数，表示两个接触面之间的关联位移。

罚函数法的应用较为广泛，在 ABAQUS 的切向接触条件设置中，直接设定摩擦系数或者选择指数衰减摩擦模型，都属于罚函数方法的范畴[201]。

拉格朗日乘子法是一种在接触界面直接引入约束条件的方法，其泛函可以表示为

$$\varPi = \varPi_e + \varPi_{\mathrm{CL}} \tag{5-19}$$

式中：$\varPi_{\mathrm{CL}}$ 为拉格朗日乘子法中附加了接触初始条件和边界条件的泛函。该附加项的引入可使得接触界面的约束条件得到精确满足，从而严格符合真实的黏结-摩擦行为。拉格朗日乘子附加项的表达式如下：

$$\varPi_{\mathrm{CL}} = \int_{\varGamma_c} (\lambda_N g_N + \lambda_T \cdot g_T) \mathrm{d}A \tag{5-20}$$

式中：λ_N 和 λ_T 为拉格朗日乘子。

另外，Oden[202]还开发了一种摄动拉格朗日方法，其摄动拉格朗日乘子附加项 $\varPi_{\mathrm{CPL}}$ 综合了罚函数法与拉格朗日乘子法的特点[203]，具体如下：

$$\varPi_{\mathrm{CPL}} = \int_{\varGamma_c} (\lambda_N g_N - \frac{1}{2\varepsilon_N} \lambda_N^2 + \lambda_T \cdot g_T - \frac{1}{\varepsilon_T} \lambda_T \cdot \lambda_T) \mathrm{d}A \tag{5-21}$$

拉格朗日乘子法的优点在于无滑动的相对运动量精确为 0，能严格吻合真实黏结滑移摩擦行为。缺点在于，拉格朗日乘子增加了计算成本，刚体约束的存在使得分析有变慢的倾向，会降低计算效率甚至导致不收敛。在设置 ABAQUS 的切向接触条件时，粗摩擦属于拉格朗日方法的范畴。

通过对比两种接触算法的优缺点，本研究依据罚函数摩擦算法进行轮胎模型切向接触属性的设置。

5.3.3 ASTM E524 轮胎二维有限元模型

在本章的前几节中已经指出,使用线弹性简化近似法也可以对轮胎的材料构成进行模拟。考虑到 ASTM E524 轮胎的胎面、胎冠和胎侧的材料结构组成各不相同,可分别建立胎面、胎冠和胎侧部件,然后分别对这三个部件赋予线弹性材料参数。

本书在建立轮胎的二维模型时,根据 ASTM E524 标准,在 AutoDesk 中绘出轮胎的二维几何 CAD 模型,如图 5-12 所示。将轮胎的二维几何模型保存为 dxf 格式文件,再将该文件导入 ABAQUS 软件进行网格划分和二维轮胎有限元建模。一般采用 CGAX4H 四边形单元模拟轮胎橡胶二维模型. 对于胎面端头与胎侧邻近的尖角区域,四边形单元不再适用,将其分割出来单独赋予 CGAX3H 三角形单元[204]。轮胎二维有限元网格模型共有 40 个单元,69 个节点,如图 5-13 所示。

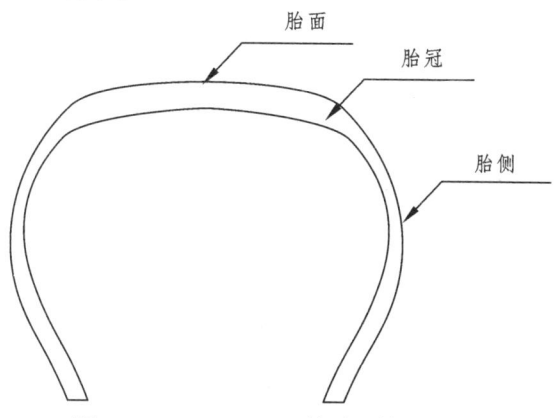

图 5-12　ASTM E524 轮胎二维 CAD 图

5.3.4 ASTM E524 轮胎三维有限元模型

ASTM E524 轮胎三维有限元模型的建立是通过旋转轮胎二维有限元网格来实现的,以轮胎几何中心为旋转中心,以轮胎外径的一半为旋转半径,使用命令"*SYMMETRIC MODEL GENERATION, REVOLVE"将轮胎二维网格绕轴旋转 360°,等分生成 120 份网格。模型共计 8 280 个节点,4 800 个单元。

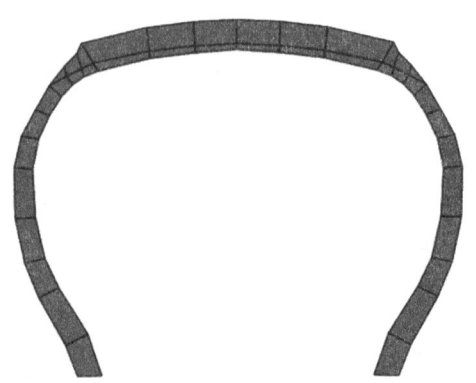

图 5-13　ASTM E524 轮胎二维有限元模型

在轮胎静载实验模拟中，一般将路面模型设置为刚体。在建立路面模型时，通过命令"*NODE，NSET=ROAD"为路面设置参考点，通过命令"*SURFACE,TYPE=CYLINDER,NAME=SROAD"将路面模型设置为刚体。将轮胎与路面在 ABAQUS 的 ASSEMBLE 模块装配好以后，ASTM E524 轮胎三维有限元模型如图 5-14 所示。

图 5-14　轮胎三维有限元模型

轮胎静态加载有限元模型的边界条件需要考虑轮辋与轮胎的接触、轮胎与路面的接触，同时要施加轮胎充气荷载与轴重。考虑到轮胎与轮辋接触部位的位移自由度为 0，可对轮胎与轮辋接触位置的单元施加刚体约束。通过命令"*Coupling, constraint name=Constraint-RIM, ref node=Set-RP1, surface=Surf-RIM"定义,其中,Constraint-RIM 为刚体约束名称,Set-RP1 为轮辋中心参考点,Surf-RIM 为轮胎与轮辋接触位置的单元面。ASTM E524 轮胎与轮辋刚体约束效果如图 5-15 所示。轮胎与路面的接触通过接触对进行设置,具体命令为"*Contact Pair, interaction=IntProp-1, mechanical constraint=PENALTY, cpset=Int-TIREPAVE, Surf-ROAD, Surf-TIRE"。其中,IntProp-1 为摩擦属性,PENALTY 为使用罚摩擦算法,Int-TIREPAVE 为接触对名称,Surf-ROAD 为路面单元表面,Surf-TIRE 为轮胎胎面单元表面。根据 ASTM E524 规范,轮胎充气荷载为 165 kPa,轴重为 4 826 N。ASTM E524 轮胎与路面接触设置效果如图 5-16 所示。

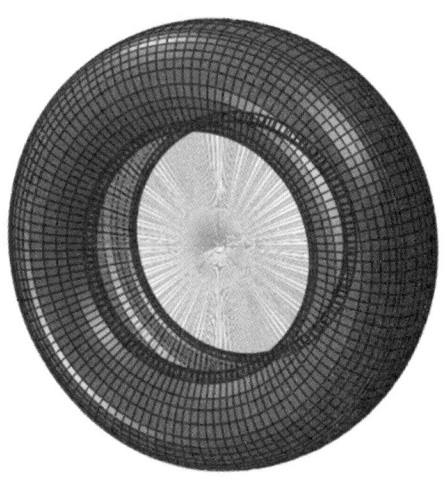

图 5-15　轮胎轮辋接触约束示意

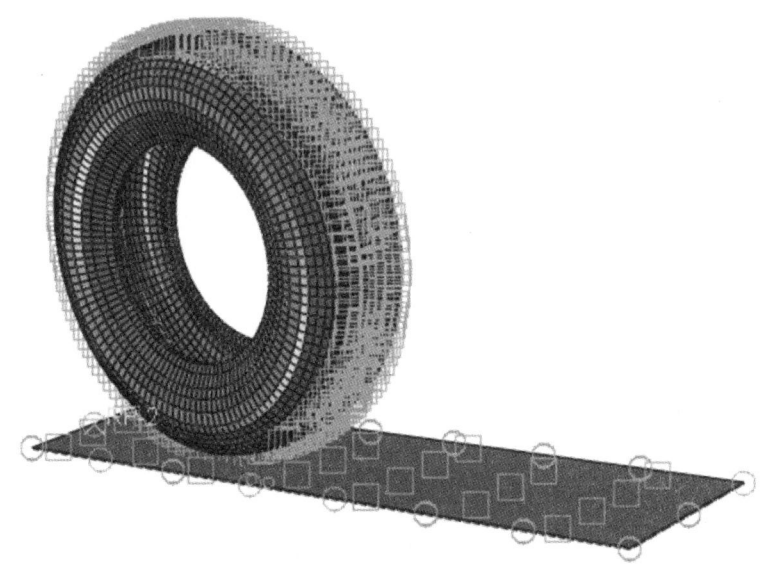

图 5-16 轮胎路面接触示意

5.3.5 橡胶材料模量反算

有研究表明,轮胎接地印迹是轮胎力学性能的重要表征,如图 5-17 所示,可反映轮胎磨耗程度、产生噪声的程度以及抗滑性能等[98,191,192]。Ong 等[98]通过在轮胎静载仿真试验中调试 ASTM E524 轮胎的各项材料力学参数,使得轮胎的接地印迹符合规范要求,进一步使得轮胎流固耦合计算结果与 NASA 滑水公式高度吻合。因此,本书借鉴了该方法,首先验证静载状态下的轮胎接地印迹,并试算出轮胎的材料力学参数,然后进行轮胎滑水模型的验证。

有研究使用壳单元模拟轮胎橡胶材料[98],该单元的好处在于忽略了单元沿板壳厚度方向的自由度,从而提高了模型的计算效率。然而,三维实体单元计算精度更高,更能模拟橡胶受力状态下的三维应力应变特性,计算结果也与实际情况更吻合。因此,本研究采用三维实体单元模拟轮胎橡胶材料,通过反复验证静载状态下的 ASTM 轮胎接地印迹来调试橡胶材料。

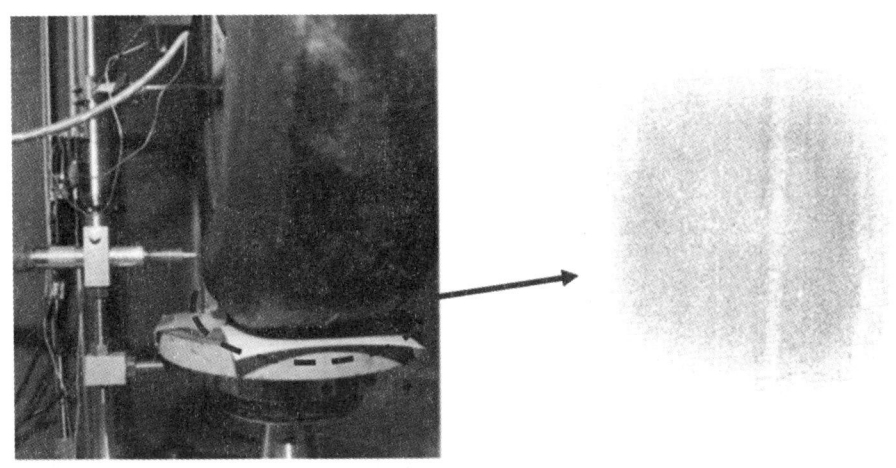

图 5-17 轮胎接地印迹示意[16]

在 Ong[98]的研究中，胎面橡胶、胎侧橡胶和胎冠橡胶的密度均为 1 200 kg/m³。胎面橡胶的杨氏模量为 100 MPa，泊松比为 0.45。胎侧橡胶和胎冠橡胶的杨氏模量均为 20 MPa，泊松比为 0.45。由于胎侧橡胶和胎冠橡胶的材料属性以及结构特征有着很大的不同，因此，本研究将胎侧橡胶和胎冠橡胶考虑为具备不同材料特性的两种线弹性材料。在 PIARC（1995）标准中[206]，ASTM E524 轮胎接地印迹长度为 155 mm，宽度为 146 mm，本书根据该标准对胎侧和胎冠橡胶进行试算。考虑到胎侧橡胶在轮胎结构中占比较大，先试算胎侧橡胶，再试算胎冠橡胶。试算过程中，胎侧橡胶、胎冠橡胶弹性模量参照表 5-2 取值，轮胎充气荷载为 165 kPa，静荷载为 4 826 N。以 20 MPa 为增量，每改变一次胎侧橡胶或胎冠橡胶的弹性模量则计算一次轮胎印迹。试算过程如表 5-2 所示，轮胎接地分析三维视图如图 5-18（a）所示，应力云图和印迹如图 5-18（b）所示。

表 5-2 轮胎橡胶材料试算

胎侧橡胶弹性模量 /MPa	胎冠橡胶弹性模量 /MPa	印迹长度 /mm	印迹宽度 /mm
20	20	217	148
40	20	209	148

续表

胎侧橡胶弹性模量 /MPa	胎冠橡胶弹性模量 /MPa	印迹长度 /mm	印迹宽度 /mm
60	20	199	148
80	20	190	148
100	20	182	148
120	20	173	148
140	20	164	148
160	20	156	148
160	40	155	148
160	60	153	146

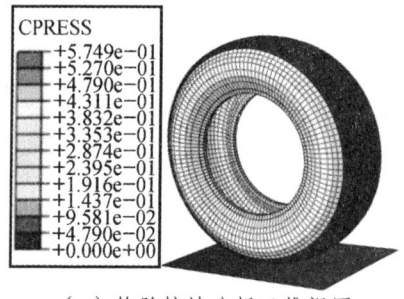

（a）轮胎接地分析三维视图　　　（b）轮胎接地应力云图以及印迹

图 5-18　轮胎接地印迹试算（单位：MPa）

从表 5-2 可知，当胎侧橡胶和胎冠橡胶的弹性模量分别达到 160 MPa 和 60 MPa 时，ASTM E524 轮胎的接地印迹长度和宽度可分别达到 153 mm 和 146 mm，与 PIARC（1995）标准中的长度 155 mm 和宽度 146 mm 基本吻合[98]。在试算过程中还可以看出，胎侧橡胶的材料参数对于轮胎接地印迹长度的影响较为明显，当该部分橡胶的弹性模量达到 160 MPa 时，轮胎接地印迹已经很接近 PIARC（1995）标准值。胎冠橡胶材料参数对轮胎接地印迹的影响弱于胎侧橡胶，在经过胎侧橡胶材料参数的试算以后，稍微调整该部分材料的弹性模量，即可让轮胎接地印迹长度和宽度符合 PIARC（1995）标准的要求。从图 5-18（b）可以看出，ASTM E524 轮胎接地应力出现中间最大，向周边传递并逐渐减弱的现象，这与文献[207]描述的轮胎接地应力分布规律是相吻合的。

5.4 轮胎滑水模型及验证

在获得了 ASTM E524 轮胎的三维有限元模型和橡胶材料参数以后，可进一步建立 ASTM E524 轮胎滑水模型。本节首先探讨轮胎滑水模型中涉及的基本概念，如质点运动的描述方法、轮胎和流体运动方程及边界条件、VOF 液面追踪技术等，然后再介绍 ASTM E524 轮胎滑水模型建模以及验证过程。

5.4.1 质点运动的描述方法

（1）拉格朗日描述法。

拉格朗日描述法研究单个质点的运动行为，描述该质点在位移场中从一点到另一点的位置变化规律，通过总结该位移场中大量质点的运动现象来描述所有质点的运动行为。

在有限单元法中使用拉格朗日描述法时，材料被固定在单元内部，单元随着材料的变形而变形，如图 5-19 所示。拉格朗日描述法的好处在于，便于追踪自由表面以及施加边界条件，通过单元节点观察材料质点的运动状态。其缺点在于，如果变形超过一定限度，则计算准确度会降低甚至不收敛。

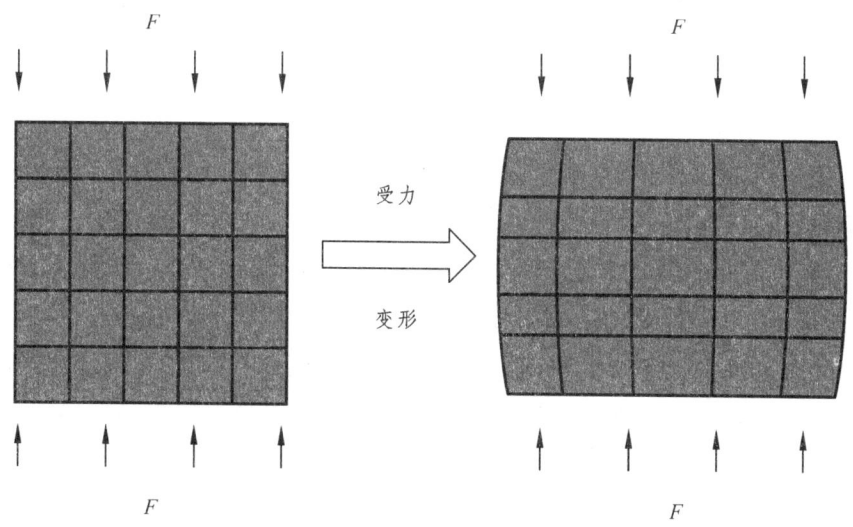

图 5-19 材料运动的拉格朗日描述

（2）欧拉描述法。

欧拉描述法以特定空间中的所有质点为研究对象，观察全时段内该空间中质点的运动规律。通过描述该空间中所有质点运动要素随时间的变化规律，把所有质点的运动状态综合起来得出质点系的运动规律。

在有限单元法中使用欧拉描述法时，材料在单元内部流动，单元形状始终保持不变，如图 5-20 所示。欧拉描述法优点和缺点与拉格朗日描述法相对应，其优点在于，模拟大变形时，单元形状不会改变，计算准确度以及收敛性可以得到保证；其缺点在于，难以追踪材料的自由表面，无法对超出欧拉域的材料进行仿真建模。

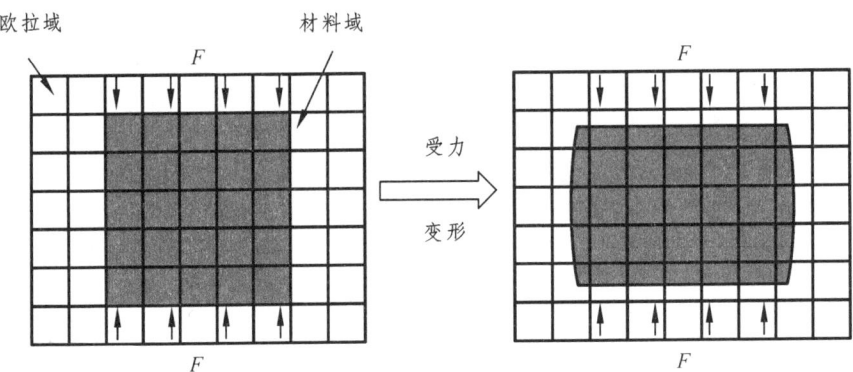

图 5-20　材料运动的欧拉描述

（3）耦合欧拉-拉格朗日方法（Coupled Eulerian-Lagrangian Approach, CEL Approach）。

耦合欧拉-拉格朗日方法最早由 Noh[208]提出。该方法结合了欧拉方法和拉格朗日方法的优势，流体材料由欧拉单元模拟，固体材料由拉格朗日单元模拟，将欧拉网格和拉格朗日网格集成到同一个模型中。该方法要求流体和固体耦合界面满足不可渗透性和牵引力平衡，如图 5-21 所示。

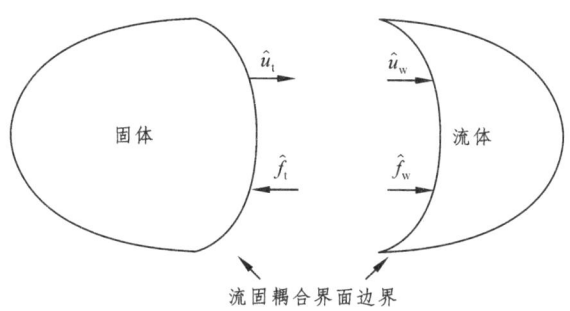

图 5-21 流固耦合界面边界条件示意

不可渗透性要求流体不渗入固体结构内部，在流体与固体结构的接触面上，流体的位移边界条件 $\hat{u}_w$ 与固体的位移边界条件 $\hat{u}_t$ 一致。牵引力平衡则是根据动量守恒定律，使得接触面上流体与固体受到的作用力 $\hat{f}_w$ 和 $\hat{f}_t$ 大小相等、方向相反，也可理解为流体和固体结构在耦合面的法线方向满足二力平衡。在有限元软件的 CEL 分析模块中，一般通过接触模块设置无摩擦的通用接触使得流体与固体接触面的不可渗透性以及牵引力平衡得到满足。

鉴于 CEL 方法在解决流固耦合问题时结合了拉格朗日方法和欧拉方法的优点，很好地解决了因为固体与流体接触冲击所导致的网格畸变问题，使得流体材料的运动模拟更加接近真实状态，本研究采用 CEL 方法通过 ABAQUS 软件进行轮胎水膜相互作用的仿真模拟，在求解过程中综合考虑轮胎和水膜的几何非线性和材料非线性响应特征，使用 Newmark 方法和中心差分法分别求解隐式分析阶段和显式分析阶段的轮胎基本控制方程，通过 VOF 液面追踪技术来实现水流自由表面的构建，采用三维控制体积法进行水流区域离散并求解，使用 SIMPLE 方法计算水流压强场的分布，使用弱耦合方法求解轮胎的结构动力方程和水流的流体方程，使用加权余量法解决耦合面上轮胎和水流的参数传递问题。

5.4.2 轮胎运动的基本方程和边界条件

轮胎运动的基本方程可通过动量守恒定律推导[201]，其平衡方程为

$$\rho_s \frac{\partial^2 u_s}{\partial t^2} = \nabla \cdot \sigma_s + b_s \tag{5-22}$$

式中：ρ_s 为轮胎的材料密度；u_s 为轮胎的位移；t 为时间；σ_s 为轮胎的柯西应力；b_s 为轮胎受到的体力。

轮胎运动的初始条件和边界条件应满足[201, 209]：

（1）当 $t = 0$ 是初始瞬时，则位移和初速度初始条件为

$$u_s(x, y, z, 0) = u_s^0$$
$$\frac{\partial u_s(x, y, z, 0)}{\partial t} = v_s^0 \tag{5-23}$$

式中：u_s^0 为轮胎在 $t = 0$ 时刻的位移；v_s^0 为轮胎在 $t=0$ 时刻的速度。

（2）位移边界条件。

$$u_s(x, y, z, t) = \bar{u}_s \tag{5-24}$$

式中：$\bar{u}_s$ 为给定的位移值。

（3）应力边界条件。

$$\sigma_{ij} n_j = T_i \tag{5-25}$$

式中：T_i 为给定的边界力。

（4）轮胎与地面接触边界条件。

法向接触条件：

$$\sigma_n(u_n - g) = 0 \tag{5-26}$$

式中：σ_n 为轮胎接地面的法向接触力，轮胎与地面接触时小于 0，轮胎脱离地面时等于 0；$(u_n - g)$ 为轮胎接地面与路面的距离方程，表征轮胎与接地面的接触状态：轮胎与地面接触时该方程等于 0，轮胎脱离地面时该方程绝对值大于 0。当满足法向接触条件时，则没有轮胎表面贯入路面的情况发生，说明求解状态合理。

切向接触条件：

$$\dot{\lambda} f_s(\tau_T, \sigma_n) = 0 \tag{5-27}$$

式中：$\dot{\lambda}$ 为切向滑移速率，如果该值等于 0 则代表轮胎与路面切向接触处于弹性黏结状态，如果该值大于 0 则代表轮胎与路面切向接触进入塑形滑移阶段；$f_s(\tau_T, \mu, \sigma_n)$ 为塑性滑移判断准则，其中 τ_T 为轮胎接地面切向接触应力；μ 为路面摩擦系数；σ_n 为轮胎接地面法向接触应力。如果 $f_s(\tau_T, \mu, \sigma_n)$ 值

小于 0 则轮胎摩擦处于弹性黏接状态，如果该值等于 0 则轮胎摩擦进入塑性滑移阶段。

在轮胎的流固耦合仿真模拟中，轮胎的结构动力计算一般分为隐式分析阶段和显式分析阶段。隐式分析可对轮胎进行安装、充气和加载的仿真模拟；显式分析可导入隐式分析的轮胎变形和应力计算结果，再进行轮胎水膜的相互作用仿真模拟[16,191,192,199,209]。轮胎的隐式分析一般采用 Newmark 方法，该方法优点在于只要计算是收敛的，则计算结果一般正确，多应用于静态分析、准静态分析、结构振型计算以及其他自由度不多的具备低频特征的动力学问题。轮胎的显式分析一般采用中心差分法，在进行大变形、多重非线性、瞬态冲击、流固耦合问题、网格数量较多的仿真模型求解时，中心差分法具备节约内存和精确度较高的等优点。

5.4.3 流体运动的基本方程和边界条件

流体运动必须要满足质量守恒控制方程、动量守恒控制方程和能量守恒控制方程[210]。根据经验[16,98,211]，本研究假设水流为具备不可压缩性的牛顿流体，水流密度不随时间变化。

（1）质量守恒控制方程。

$$\frac{\partial \rho}{\partial t} + \nabla(\rho \boldsymbol{u}) = 0 \qquad (5\text{-}28)$$

为中：ρ 为密度；t 为时间；$\boldsymbol{u}$ 为速度矢量；∇ 表示散度。

（2）动量守恒控制方程。

$$\begin{aligned}
\frac{\partial(\rho u)}{\partial t} + \nabla(\rho \boldsymbol{u}) &= -\frac{\partial p}{\partial x} + \frac{\partial \sigma_x}{\partial x} + \frac{\partial \tau_{yx}}{\partial y} + \frac{\partial \tau_{zx}}{\partial z} + F_x \\
\frac{\partial(\rho v)}{\partial t} + \nabla(\rho \boldsymbol{u}) &= -\frac{\partial p}{\partial y} + \frac{\partial \tau_{xy}}{\partial x} + \frac{\partial \sigma_y}{\partial y} + \frac{\partial \tau_{zy}}{\partial z} + F_y \\
\frac{\partial(\rho w)}{\partial t} + \nabla(\rho \boldsymbol{u}) &= -\frac{\partial p}{\partial z} + \frac{\partial \tau_{xz}}{\partial x} + \frac{\partial \tau_{yz}}{\partial y} + \frac{\partial \sigma_z}{\partial z} + F_z
\end{aligned} \qquad (5\text{-}29)$$

式中：ρ 为作用在流体微元上的压力；σ，τ 为因为分子黏性作用而施加在流体微元表面的黏性应力；F_x，F_y 和 F_z 为作用在流体微元上的体力。

（3）能量守恒控制方程。

$$\frac{\partial(\rho T)}{\partial t} + \nabla(\rho \boldsymbol{u} T) = \nabla\left(\frac{k}{c_p}\mathrm{grad}\ T\right) + S_\mathrm{T} \quad (5\text{-}30)$$

式中：c_p 为比热容；T 为温度；k 为流体的传热系数；S_T 为流体的内热源以及由于黏性作用流体机械能转换为热能的部分。

求解质量守恒控制方程、动量守恒控制方程和能量守恒控制方程还需要一个将 p 和 ρ 联系起来的状态方程：

$$p = p(\rho,\ T) \quad (5\text{-}31)$$

由于不可压缩流体的热交换量很低以至可以忽略不记，因此在进行轮胎流固耦合计算时可以不考虑能量守恒方程。

在轮胎的流固耦合计算中，水流运动的初始条件和边界条件一般通过控制水流速度实现[15,211]，应满足：

（1）初始条件。

$$v_\mathrm{w}(x,\ y,\ z, 0) = v_\mathrm{w}^0 \quad (5\text{-}32)$$

式中：v_w^0 为水流在 $t = 0$ 时刻的速度。

（2）边界条件。

在水流与轮胎的接触作用面，边界条件还应满足：

$$v_\mathrm{w}(x,\ y,\ z,\ t) = \frac{\partial u_\mathrm{s}}{\partial t} \quad (5\text{-}33)$$

式中：u_s 为轮胎与水流接触区域的位移。

在对流体运动的控制方程进行求解时，由于方程自身的复杂性以及边界条件的复杂性等原因，一般很难获得方程的精确解。因此，通常的做法是在特定的计算区域针对流体的离散网格建立离散方程组，再结合控制方程和边界条件通过数值计算方法求解该方程组，再通过插值得到节点之间的近似数值解，最终获得流体运动偏微分方程组及其边界条件在整个计算域上的近似解。常用的流体离散方法是有限体积法（Finite Volume Method）[211]。对于离散方程的求解，常采用 SIMPLE 算法[15, 211, 212]。

5.4.4 VOF 液面追踪技术

水膜在轮胎的冲击下会出现流动、波动和飞溅的运动现象,并且水流与大气接触的表面会出现摆动或者侧倾,这些都属于水流自由液面的运动现象。为了捕捉水流的自由液面,ABAQUS 采用流体体积函数(volume of fluid, VOF)对流体自由液面的运动轨迹进行捕捉。该方法在固定网格中追踪自由表面,只要知道每个网格目标流体体积与网格体积的比值,再计算出自由表面的方向,就可以实现对自由表面的追踪[212]。

该方法引入了流体体积函数 F,该函数的值等于一个单元内部流体体积与该单元体积之比。如果 $F=1$,则整个单元被流体占据;如果 $0<F<1$,则单元的一部分含有流体,流体表面为自由界面;如果 $F=0$,则单元内部不含流体。F 函数应满足如下条件:

$$\frac{\partial F}{\partial t}+\frac{\partial(u)}{\partial x}+\frac{\partial(v)}{\partial y}+\frac{\partial(w)}{\partial z}=0 \qquad (5-34)$$

式中:u,v,w 是流体微元沿 x,y,z 方向的速度。

在 ABAQUS 软件中,使用体积分数工具箱以及分段线性插值来完成流体自由表面的追踪[16]。

5.4.5 ASTM E524 轮胎滑水模型

轮胎滑水模型依据不同的参考系可分为轮胎运动模型和水流运动模型[92]。文献[15,213]表明,两种模型对于轮胎滑水的仿真结果是几乎等效的,而且,水流运动模型更节省计算时间。考虑到本研究存在大量的模型分析计算,为了提高计算效率,本书采用水流运动模型。

本书建立的水流模型将流体域分为水泵区域和空区域两部分。为了与 NASA 滑水经验公式[98]互相印证,本书设定水膜厚度为 7.62mm。相应地,流体域的尺寸为 300 mm×300 mm×76 mm,水泵区域大小为 300 mm×40 mm×7.62 mm,如图 5-22(a)所示。采用欧拉单元描述流体运动,单元类型选取 EC3D8R 单元。使用体积分数工具箱区分不同水域时,欧拉网格在水泵区域的体积分数为 1.0,在空区域的体积分数为 0。划分水流欧拉网格时,对于轮胎与水流相互作用的区域，有必要细化网格，这一区域的网格尺寸为 1 mm×1 mm×1 mm。整个流体域的欧拉网格有 425 685 个节点，388 608 个单元，如图 5-22（b）所示。

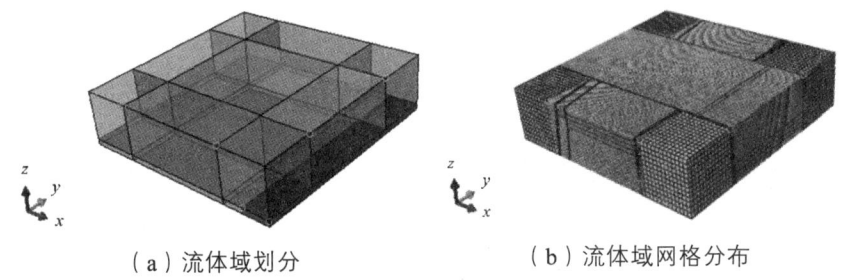

（a）流体域划分　　　　　　　　（b）流体域网格分布

图 5-22　水流模型

在使用 CEL 方法求解轮胎流固耦合问题时，对轮胎瞬态冲击作用下水膜高速流动的大变形特性可通过 Mie-GRUNEISEN 状态方程进行表征[214, 215]，其表达式如下：

$$p = \frac{\rho_0 c_0^2 \eta}{(1-s)^2}(1 - \frac{\Gamma_0 \eta}{2}) + \Gamma_0 \rho_0 E_m \qquad (5\text{-}35)$$

式中：p 为水流压力；ρ_0 为水流初始密度；η 为水的动力黏度；c_0 为声波在水中的传播速度；E_m 为水的比内能；s 和 Γ_0 为材料的待定常数。根据文献[216]，水流的材料参数取值如表 5-3 所示。

表 5-3　水流材料参数

ρ_0 / (kg/m³)	η / (N·s·m⁻²)	c_0 / (m/s)	s	Γ_0
1 000	0.001	148 000	1.979	0.11

对于 ASTM E524 轮胎滑水模型的边界条件，除了考虑静态加载时需要赋予的边界条件外，还应当考虑水流的边界条件和轮胎的运动方式。对于水流场，一般约束水流底面节点 z 方向的竖向位移，约束水流侧面节点 y 方向的横向位移。在水泵区域施加沿着轮胎运动与 x 方向相反的速度。由于锁轮

型摩擦测试仪的运动状态为轮胎锁定沿着路面滑动，根据相对坐标系变换原理，可保持轮胎静止，对路面施加与轮胎运动负方向的速度，使路面移动速度与水流速度一致。最后还要对整体模型施加 z 方向的重力场。本书建立的轮胎滑水模型如图 5-23 所示。

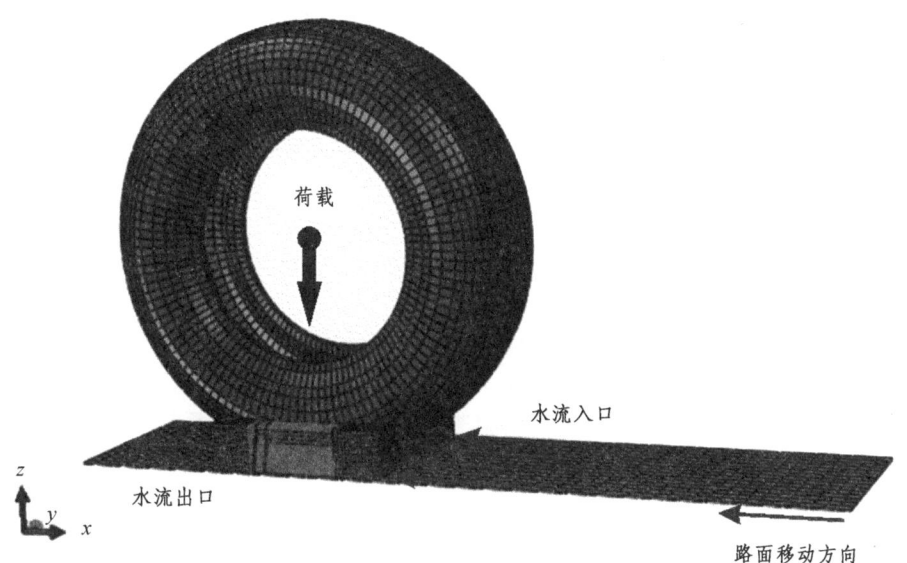

图 5-23　ASTM E524 轮胎滑水流固耦合模型

5.4.6　滑水模型验证

本节通过能量守恒、水流印迹以及 NASA 轮胎滑水经验公式来验证 ASTM E524 轮胎滑水有限元模型。

（1）能量守恒验证。

轮胎滑水问题属于动力学中瞬态冲击问题，因此，本书在 ABAQUS/Explicit 环境中使用显式分析方法进行 ASTM E524 三维轮胎滑水有限元建模。在动力学分析中，运动物体必须满足能量守恒定理。在进行动力学有限元模拟时，可通过查看计算过程的动能以及总能量，来判断模型是否满足能量守恒。本研究建立的三维轮胎滑水有限元模型的能量计算结果如

图 5-24 所示。

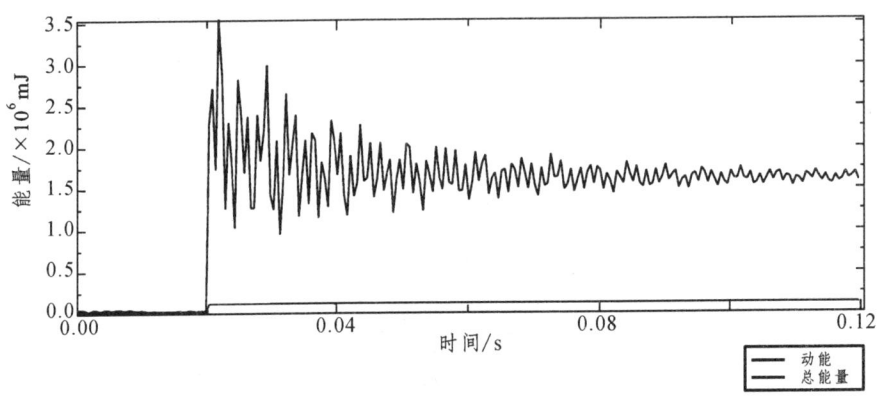

图 5-24 轮胎滑水显式分析能量变化

由图 5-24 可知，动能在经过最开始的波动后逐步收敛至稳定状态。这与轮胎一直保持运动状态是相对应的。总能量一直处于低水平。与动能相比，总能量的大小近似为 0，这表明轮胎滑水模型的能量平衡关系得到了满足。

（2）水流印迹验证。

在轮胎与水膜的相互作用中，一般认为，当水对轮胎的浮力等于轮胎竖向荷载时，轮胎开始滑动。此时，轮胎与路面的接触面积几乎为 0。在本书的轮胎滑水模型中，可以发现，轮胎与水膜的接触过程伴随有明显的波浪以及水花产生，如图 5-25 所示，这说明，轮胎与水膜的相互作用关系在模型中有所展现。在图 5-26（a）中，轮胎与水膜初步接触，水流形态在胎压作用下开始变化；在图 5-26（b）中，轮胎与水膜完全接触，水流表面呈现出完整的轮胎外轮廓痕迹；在图 5-26（c）中，部分水膜进入轮胎下方，轮胎接地面积明显减少；在图 5-26（d）中，水流完全浸入轮胎下方，轮胎不再与路面接触，进入滑水状态。轮胎接触应力变化曲线如图 5-27 所示。

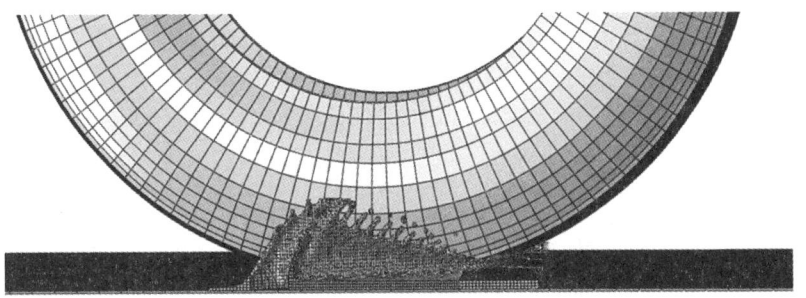

图 5-25 轮胎与水膜相互作用

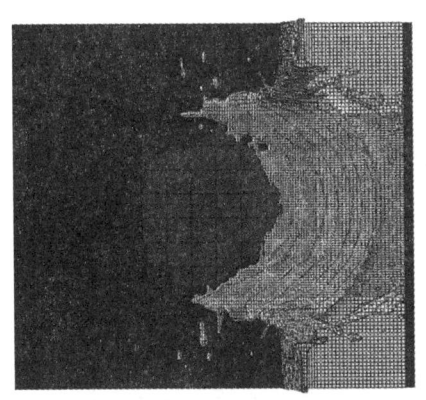

(a) 轮胎与水膜初步接触

(b) 轮胎与水膜完全接触

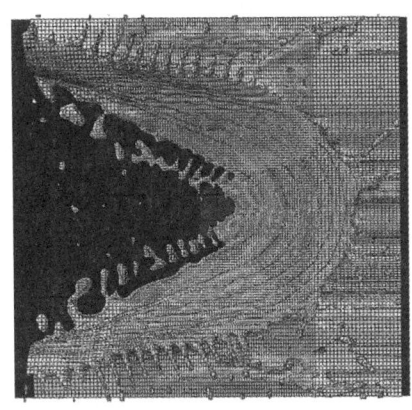

(c) 部分水膜进入轮胎下方

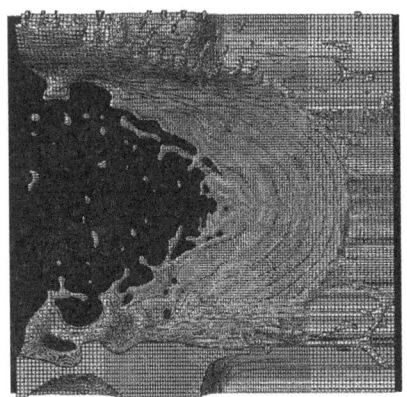

(d) 轮胎进入滑水状态

图 5-26 轮胎滑水过程

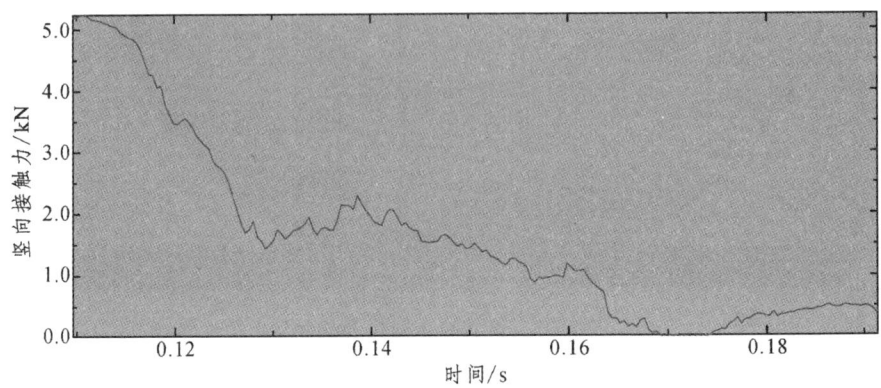

图 5-27　轮胎路面竖向接触力变化曲线

（3）NASA 轮胎滑水经验公式。

NASA 经验公式是目前在道路安全领域受到广泛认可的轮胎滑水速度预测公式，对于 ASTM E524 轮胎的滑动状态，其轮胎滑水速度计算式如下[98,192]：

$$V_{h,locked} = 5.43\sqrt{p} \qquad (5-36)$$

式中：$V_{h,locked}$ 为 ASTM E524 轮胎的临界滑水速度；p 为轮胎充气压力。

参照文献[15]的研究，本书将轮胎胎压从 140 kPa 增加到 240 kPa，每增加 20 kPa 计算一次轮胎临界滑水速度。当轮胎与路面的竖向接触力为 0 时，判定此时的轮胎滑动速度为临界滑水速度，计算结果如图 5-28 所示。由图 5-28 可知，轮胎滑水有限元计算结果与 NASA 经验公式滑水速度吻合较好，证实了使用 NUS 模型进行 ASTM E524 轮胎临界滑水速度计算的准确性。

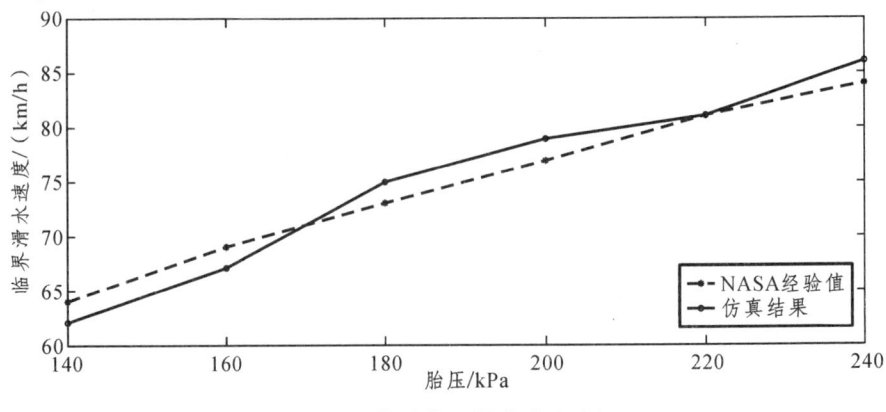

图 5-28　轮胎临界滑水速度验证

5.5 ASTM E524 轮胎刹车距离预测

在上一节的研究中，ASTM E524 轮胎模型通过了能量守恒、水流印迹以及 NASA 轮胎滑水经验公式验证，说明该模型可用于轮胎-水膜-路面相互作用关系的仿真模拟，这为进一步计算 ASTM E524 轮胎的附着系数与刹车距离提供了保证。

5.5.1 轮胎附着系数和刹车距离计算

鉴于轮胎-水膜-路面耦合作用模型非常耗费计算资源，本研究仅针对 2017 年 LTPP SPS-10 俄克拉何马州项目试验段 36 个测试点的轮胎附着系数进行计算，将 DFT 测试仪采集的路面摩擦系数作为轮胎与路面接触界面的摩擦系数。由于 DFT 测试仪工作状态时的水膜厚度为 1 mm，在使用其结果作为仿真模型的输入条件时，轮胎-水膜流固耦合模型的水膜厚度也设置为 1 mm。根据 PIARC 对国际摩擦指标 IFI 测试速度的要求[217]，ASTM E524 轮胎的初始刹车速度设置为 60 km/h。对于轮胎刹车过程，轮胎滑动速度从 60 km/h 逐步减速为 0 km/h。由于不同的滑动速度对应不同的路面摩擦系数，因此，滑动速度每降低 10 km/h，便输入当前滑动速度对应的路面摩擦系数，然后进行一次轮胎附着系数 $\mu(t)$ 的计算。$\mu(t)$ 的计算式如下：

$$\mu(t) = \frac{F_x}{F_z} \tag{5-37}$$

式中：F_x 为轮胎受到的滑动阻力；F_z 为轮胎承受的竖向荷载。

根据式（5-2）~式（5-6），得到各滑动速度对应的轮胎附着系数 $\mu(t)$ 以后，计算对应的轮胎刹车时间 Δt_i 以及刹车距离 Δx_i，再累加各阶段的刹车距离 Δx_i，即可求出轮胎的完整刹车距离 D。轮胎附着系数和刹车距离计算流程如图 5-29 所示，计算结果如图 5-30 和图 5-31 所示。

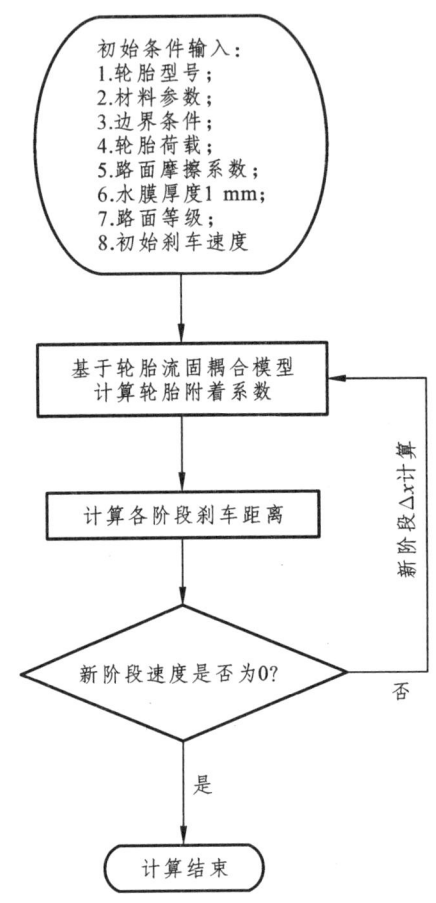

图 5-29 轮胎刹车距离计算流程

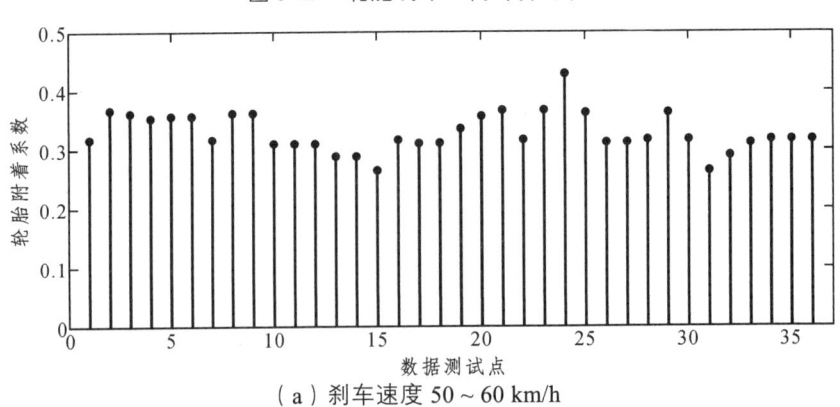

(a) 刹车速度 50～60 km/h

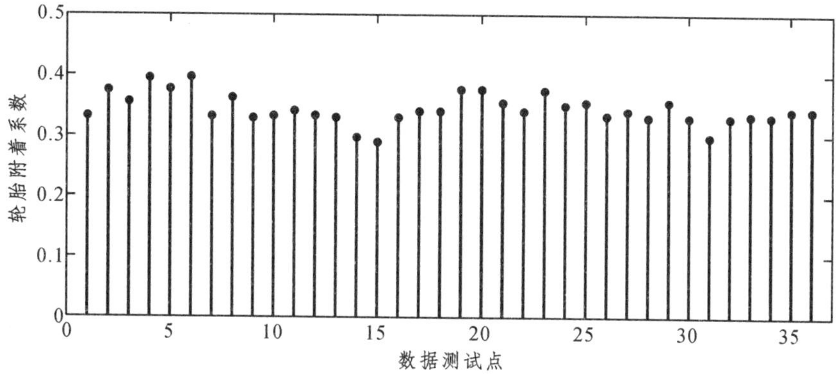

5 基于区域三维纹理表征的轮胎刹车距离预测

（b）刹车速度 40～50 km/h

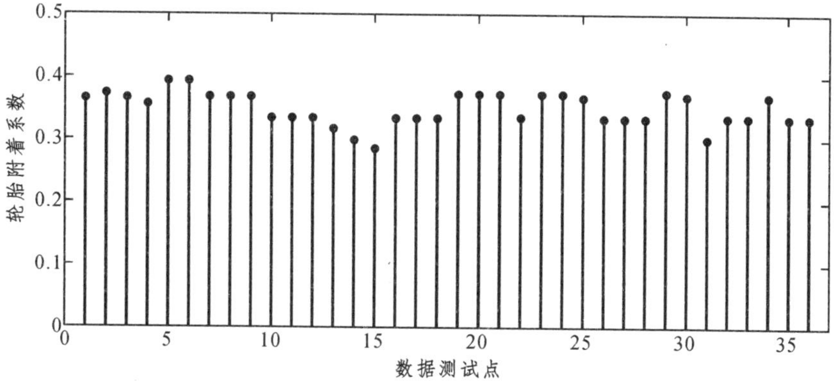

（c）刹车速度 30～40 km/h

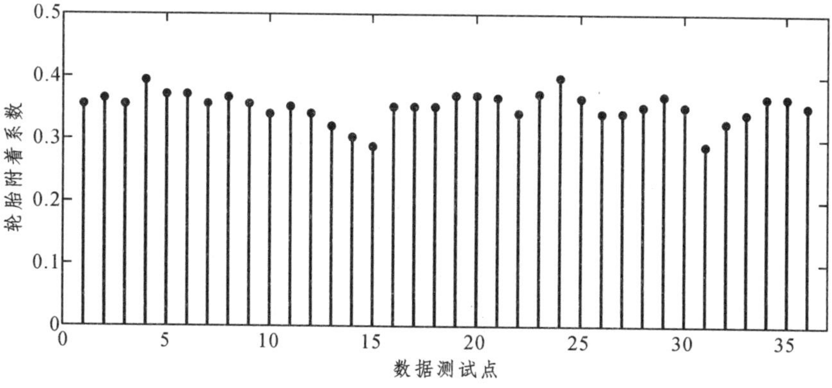

（d）刹车速度 20～30 km/h

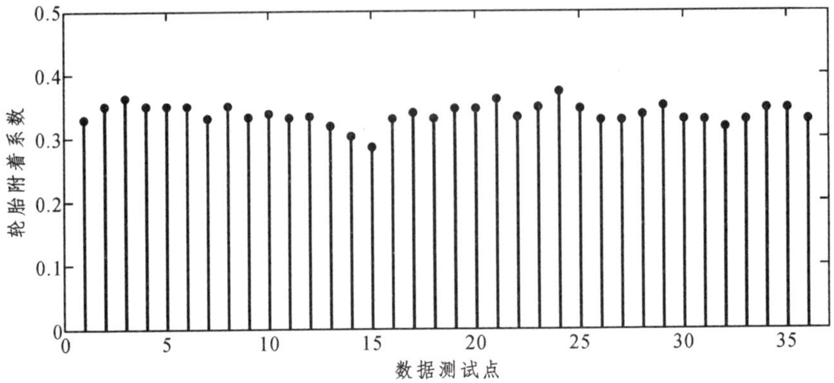

(e）刹车速度 10～20 km/h

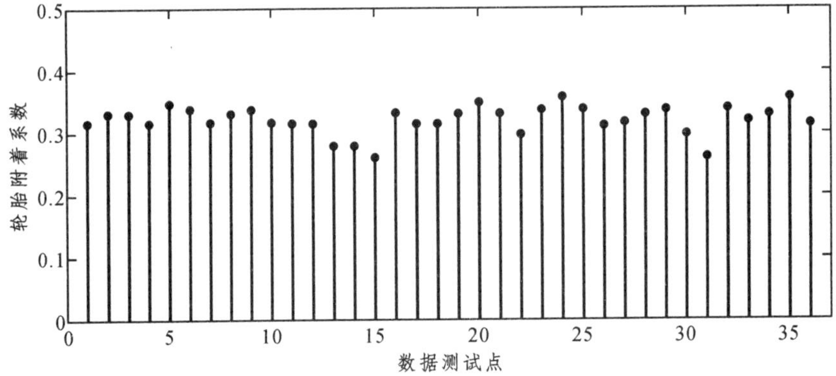

(f）刹车速度 0～10 km/h

图 5-30 轮胎附着系数各阶段计算结果

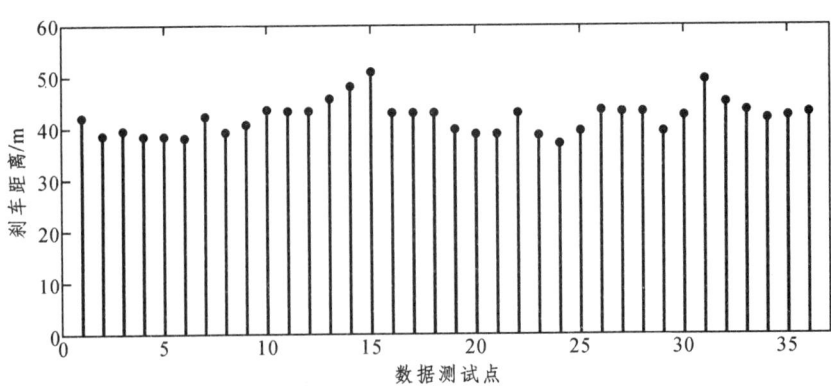

图 5-31 ASTM E524 轮胎刹车距离计算结果

5 基于区域三维纹理表征的轮胎刹车距离预测

根据 Ong 等[99]的研究成果，1 mm 水膜以及初始刹车速度为 60km/h 的条件下，ASTM E524 轮胎的刹车距离计算结果一般在 25~66 m。根据 AASHTO 标准[99,172]，初始刹车速度为 65 km/h 的 ASTM E524 轮胎的刹车距离限值一般为 41.8 m。在本研究中，轮胎的刹车距离计算结果介于 36.8~51m，平均值为 42 m。参考 Ong[99]的研究成果以及 AASHTO 规范值，可以发现计算结果处于刹车距离的正常取值范围，说明计算过程是有效的。

5.5.2 人工神经网络预测轮胎刹车距离

在第 3 章的研究中，发现路面区域三维纹理表征参数与路面抗滑性能存在着非线性关系，应用人工神经网络方法可以有效解决复杂的非线性问题。因此，基于 NUS 模型获得 ASTM E524 轮胎的刹车距离以后，再应用路面区域三维纹理表征参数评价体系和人工神经网络方法来预测刹车距离，可为基于路面三维纹理特征的轮胎刹车距离预测提供方法借鉴。

本节以 2017 年 LTPP SPS-10 俄克拉何马州项目的 36 组路面区域三维纹理表征参数为自变量，以 NUS 模型计算出的 36 组轮胎刹车距离作为响应变量进行人工神经网络训练。随机选取 24 组样本数据为训练集，剩余 12 组样本数据为测试集进行模型验证。建立三层神经网络，输入层神经元为 41 个纹理表征参数，输出层神经元个数设置为 1 个，输出层神经元激励函数采用线性激励函数。隐含层神经元的激励函数采用双极 S 形函数，通过循环验证以获得最优的隐含层神经元个数，计算的均方根误差不高于 0.001。初始动量因子和学习速率设定为 1.05 和 0.7。人工神经网络训练过程参考第 3 章的流程。其预测结果如图 5-32 所示。

在训练过程中，为了获得最优的训练结果，通过交叉验证确定隐含层神经元个数为 7 个。最终发现基于区域三维纹理表征参数的人工神经网络刹车距离预测模型 R^2 为 0.85，残差平方和为 0.052 3。对比第 3 章的研究，可以发现人工神经网络模型对刹车距离的预测能力优于对路面摩擦系数的预测能力，这说明基于高精度路面三维纹理数据预测轮胎刹车距离具备应用前景。

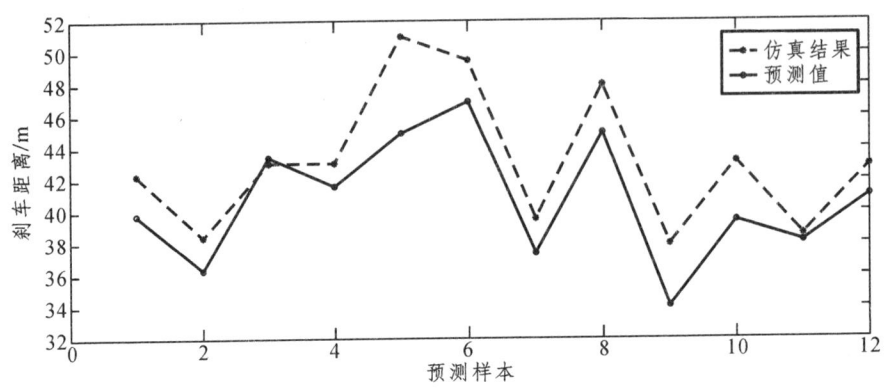

图 5-32 轮胎刹车距离预测结果

5.5.3 轮胎刹车距离主成分分析

虽然基于区域三维纹理表征参数的人工神经网络刹车距离预测模型得到了较好的结果,但是由于人工神经网络方法具备黑箱特性,该模型无法用于评价各个参数与刹车距离的关系。为了进一步研究各参数与轮胎刹车距离的关联性,本节采用主成分分析方法建立各参数与轮胎刹车距离的回归模型。主成分回归过程可参考 4.4.4 节的内容展开,分析结果如表 5-4 所示。由表 5-4 可知,所有主成分向量对应的 P 值都小于 0.01,主成分回归模型的 P 值小于 0.001,说明各个主成分以及回归模型可以显著解释区域三维纹理表征参数与轮胎刹车距离的关系。模型最初的 R^2 为 0.765 5,调整后的 R^2 为 0.704 1,这说明,在消除各参数之间的共线性以后,模型依然可用于解释纹理参数与轮胎刹车距离的关系。模型的残差标准差为 0.315 7。考虑到本书轮胎刹车距离计算结果处于 42 m 左右,通过对比,可知残差标准差依然处于较低水平,这说明模型的计算精度是可以接受的。

表 5-4 轮胎刹车距离主成分回归分析结果

主成分	回归系数	P 值
截距项	40.79	***
1	0.909 5	**

5 基于区域三维纹理表征的轮胎刹车距离预测

续表

主成分		回归系数	P 值
2		−0.781 3	**
3		−0.533 0	*
4		−2.827	**
5		−0.070 63	*
6		−0.110 7	*
7		4.434	***
8		−4.500	*
9		0.646 4	*
10		3.036	**
11		−10.96	*
12		1.044	***
13		51.66	*
14		22.61	***
15		1.298	**
结果验证	P 值	***	
	R^2	0.765 5	
	调整 R^2	0.704 1	
	RSE	0.315 7	
样本数量		36	

为了直观地展示纹理参数与轮胎刹车距离的关系，通过主成分逆转换，将各个主成分向量转换为三维纹理表征参数，转换结果如表 5-5 所示。由表 5-5 可知，41 个三维纹理表征参数中，共有 24 个参数参与到了主成分回归分析中，这说明有 24 个参数与轮胎刹车距离存在着紧密的联系，这些参数与模型系数相结合，便可以进行满足一定精度要求的路面抗滑性能预测。然而，从另一方面来看，主成分回归模型的 R^2 为 0.765 5，调整后的 R^2 为 0.704 1，

比人工神经网络预测模型的 R^2 更低。主成分回归模型虽然可以对纹理参数进行降维处理，但是在解释纹理参数与刹车距离之间的非线性关系时存在局限性。相比之下，在基于路面纹理参数预测轮胎刹车距离时，人工神经网络模型虽然用到了较多的参数，但是其预测效果却更好。这再次说明人工神经网络在处理多维数据的非线性计算时，具备良好的求解性能，基于人工神经网络模型的刹车距离预测方法是切实可行的。

表 5-5　三维纹理表征参数回归模型系数

特征参数	模型系数
截距项	-2.9×10^4
S_q/mm	2.25×10^3
S_{sk}	-3.7×10^3
S_{ku}	4.12×10^2
S_p/mm	-1.3×10^3
S_v/mm	6.93×10^3
S_z/mm	3.97×10^3
S_a/mm	1.39×10^3
S_{al}/mm	8.47×10^2
S_{tr}	-3.2×10^3
S_{td}	9.05
S_{dq}	2.12×10^2
S_{dr}/%	5.41×10^2
V_m/（mm³/mm²）	-2.5×10^5
V_v/（mm³/mm²）	1.06×10^2
V_{mp}/（mm³/mm²）	-2.5×10^5
V_{mc}/（mm³/mm²）	4.71×10^2

特征参数	模型系数
V_{vc} / (mm³/mm²)	-6.5×10^2

续表

特征参数	模型系数
V_{vv} / (mm³/mm²)	2.42×10^4
S_{pd} / (mm⁻²)	-2×10^5
S_{pc} / (mm⁻¹)	-32
S_{10z}/mm	6.17×10^2
S_{5p}/mm	-5.7×10^3
S_{5v}/mm	4.29×10^3
S_{da}/mm²	39.4
T /℃	-3.9×10^2

5.6 本章小结

（1）本章介绍了基于 NUS 有限元模型的轮胎刹车距离计算方法，使用线弹性简化近似模型对 ASTM E524 轮胎进行仿真分析，分析轮胎与路面的接触状态，使用罚函数法来表征轮胎与路面的切向接触条件；建立了 ASTM E524 轮胎二维有限元模型，并进一步旋转生成了三维轮胎模型，通过静载作用下的轮胎接地印迹分析试算得出 ASTM 轮胎橡胶的线弹性材料参数；获得的胎侧橡胶和胎冠橡胶杨氏弹性模量分别为 160 MPa 和 60 MPa，由此计算得出的 ASTM E524 仿真轮胎的接地印迹长度和宽度分别为 153 mm 和 146 mm，与标准值高度吻合。

（2）使用耦合欧拉-拉格朗日方法来解决水膜在轮胎冲击作用下的流固耦合问题，使用中心差分法进行轮胎结构动力计算，使用有限体积法对流体网格进行离散，使用 SIMPLE 算法对流体运动方程进行求解，使用 VOF 液面追踪技术捕捉水流的自由液面，使用弱耦合方法研究轮胎水流耦合作用下各自的变形、应力以及速度分布；建立了 ASTM E524 轮胎-水膜-路面流固耦合模型；通过能量守恒、水流印迹以及 NASA 轮胎滑水经验公式验证了 ASTM E524 轮胎-水膜-路面相互作用有限元模型的正确性。

（3）将 DFT 测试仪测得的路面摩擦值作为轮胎与路面接触界面的摩擦系数，通过水膜厚度为 1 mm 的 ASTM E524 轮胎-水膜-路面有限元模型计算了 60 km/h, 50 km/h, 40 km/h, 30 km/h, 20 km/h, 10 km/h 滑动速度对应的轮胎附着系数，再根据轮胎刹车距离计算公式得出 ASTM E524 轮胎在初始速度为 60 km/h 时对应的刹车距离，通过对比以往的研究和 AASHTO 标准，发现 ASTM E524 轮胎刹车距离计算结果符合正常取值范围，说明本章的轮胎刹车距离计算过程是有效的。

（4）以路面区域三维纹理表征参数作为自变量，以 ASTM E524 轮胎刹车距离有限元计算结果作为响应变量，通过人工神经网络模型预测 ASTM E524 轮胎刹车距离。结果表明，基于路面区域三维纹理表征参数的轮胎刹车距离预测模型的 R^2 为 0.85，说明路面区域三维纹理表征参数可以高度解释轮胎刹车距离，基于高精度路面三维纹理数据预测轮胎刹车距离是可行的。

（5）通过主成分回归模型对纹理参数进行降维处理，发现 24 个参数与轮胎刹车距离存在着紧密的联系。但是该模型的 R^2 为 0.765 5，调整后的 R^2 为 0.704 1，低于人工神经网络模型的 R^2。可知主成分回归模型在解释纹理参数与刹车距离之间的非线性关系时存在局限性。相比之下，在基于路面纹理参数预测轮胎刹车距离时，人工神经网络模型具备更强的预测能力。

结论与展望

6.1 结 论

本书开展了基于现场实测高精度三维纹理数据的沥青路面抗滑性能预测研究，以期加强沥青路面抗滑性能智能评估的基础理论研究，完善路面纹理三维特征评价体系，优化沥青路面抗滑性能预测模型，为实现非接触式沥青路面抗滑性能智能预测提供参考，对于沥青路面设计和养护决策具有理论价值和现实指导意义。本书主要结论如下：

（1）接触式路面纹理检测方法无法形象直观地反映路面纹理形貌特征，传统的非接触式路面纹理检测设备无法体现路面纹理的微观细节，常用的路面纹理评价指标 MTD 和 MPD 在预测路面抗滑性能时存在局限性；提出使用 LS-40 便携式三维表面分析仪采集高精度路面纹理点云数据，通过区域三维纹理参数中的高度参数、空间参数、混合参数、体积参数、特征参数、功能参数、孤岛参数和褶皱参数可有效表征路面三维纹理构造，建立了路面区域三维纹理表征体系；使用速度为 15 km/h 和 70 km/h 时的摩擦系数值代表低速与高速状态下的沥青路面抗滑性能，通过对比三参数以及多参数的相关性分析和多元线性回归模型计算结果，发现沥青路面抗滑性能与多个区域三维纹理表征参数的共同作用有关，但是线性相关性不明显。

（2）人工神经网络模型和支持向量机回归模型都可以有效预测沥青路面抗滑性能；使用人工神经网络模型预测低速和高速状态的路面摩擦值时，R^2 分别为 0.69 和 0.77，相对误差平均值分别为 0.084 和 0.078；使用支持向量机回归模型预测低速和高速状态的路面摩擦值时，R^2 分别为 0.63 和 0.72，相对误差平均值分别为 0.102 和 0.089；表明人工神经网络模型和支持向量机回归模型对高速状态的路面摩擦值预测效果优于对低速状态的路面摩擦值预测；发现多个路面纹理参数的共同作用可以提升机器学习模型的预测能力，区域三维纹理表征参数与路面抗滑性能之间存在非线性联系；人工神经网络模型的预测效果总体优于支持向量机回归模型，其对路面摩擦值的解释能力更为显著，但是该模型拥有更长的计算时间，更加耗费计算资源；对比了单一摩擦系数和双摩擦系数的人工神经网络模型预测效果，发现后者虽然更节

6 结论与展望

省计算时间,但是预测准确度较低。

(3)提出了基于激光三角法成像原理的三维路面有限元模型重构新方法,基于高精度路面纹理点云数据跨平台编制了三维路面重构程序,完成了由现场路面高精度三维纹理点云数据到现场路面纹理有限元模型的转换,并通过 ABAQUS 软件建立了橡胶-三维路面相互作用有限元模型;使用指数衰减摩擦模型来表征橡胶-三维路面界面摩擦特性,通过单元收敛性分析确定了橡胶单元尺寸;通过 DFT 测试仪在 20 km/h,40 km/h,60 km/h 时采集的滑动阻力系数反算界面摩擦系数,使用 30 km/h,50 km/h,70 km/h 时的滑动阻力系数对界面摩擦系数计算进行了验证;结果表明橡胶块-三维路面相互作用有限元模型可以有效模拟 DFT 测试仪的沥青路面抗滑性能测试过程。

(4)通过 Butterworth 滤波器将纹理点云数据分离为宏观纹理数据和微观纹理数据,计算宏观纹理、微观纹理的区域三维纹理表征参数,评价了宏观、微观纹理三维特征之间的关联性,建立了界面摩擦系数的主成分回归模型并进行了验证,发现路面纹理分别于宏观、微观层面对界面摩擦系数产生叠加影响效应,当纹理评价手段从宏观过渡到微观以后,纹理对界面摩擦系数的影响也随之发生明显变化。

(5)在界面摩擦系数以及橡胶材料模型对沥青路面抗滑性能的显著性影响分析中,发现当 μ_s 和 α 保持恒定时,橡胶的 Yeoh 超弹性模型对路面粗糙度更敏感,更容易产生较高的滑动阻力,并且滑动阻力系数随着界面动态摩擦系数的增加而增长;当 μ_k 和 α 保持恒定时,橡胶的 Yeoh 超弹性模型依然对路面粗糙度更敏感,更容易产生较高的滑动阻力,并且随着界面静态摩擦系数的增加,滑动阻力系数不会出现明显的改变;当 μ_s 和 μ_k 保持恒定时,Monney-Rivlin 超弹性材料对路面粗糙度最敏感,更容易产生较高的滑动阻力,并且随着 α 的增加,滑动阻力系数并没有显著的变化;显著性分析结果表明各参数对滑动阻力系数的影响顺序依次为 μ_k,橡胶材料类型,μ_s 和 α。

(6)使用线弹性简化近似模型可对 ASTM E524 轮胎进行仿真分析,通过静载作用下的轮胎接地印迹分析试算得出 ASTM 轮胎橡胶的线弹性材料参数;NUS 有限元模型可有效模拟 ASTM E524 轮胎-水膜-路面相互作用关系；通过能量守恒、水流印迹以及 NASA 轮胎滑水经验公式验证了 ASTM E524 轮胎-水膜-路面相互作用有限元模型的正确性；以摩擦系数值表征轮胎与沥青路面的切向接触条件，可通过水膜厚度为 1 mm 的 ASTM E524 轮胎-水膜-路面有限元模型分别计算 60 km/h、50 km/h、40 km/h、30 km/h、20 km/h、10 km/h 滑动速度对应的轮胎附着系数，再根据刹车距离计算公式得出 ASTM E524 轮胎在 60 km/h 初始速度时对应的刹车距离。通过对比以往的研究和 AASHTO 标准，发现 ASTM E524 轮胎刹车距离计算结果符合正常取值范围，说明了轮胎刹车距离计算过程的有效性。

（7）以区域三维纹理表征参数作为自变量，以 ASTM E524 轮胎刹车距离有限元计算结果作为响应变量，通过人工神经网络模型预测 ASTM E524 轮胎刹车距离，预测模型 R^2 为 0.85。通过主成分回归模型对纹理参数进行降维处理，发现 24 个参数与轮胎刹车距离存在紧密联系。但是该模型的 R^2 为 0.765 5，调整后的 R^2 为 0.704 1，低于人工神经网络模型的 R^2。发现主成分回归模型在解释纹理参数与刹车距离之间的非线性关系时存在局限性。相比之下，在基于路面纹理参数预测轮胎刹车距离时，人工神经网络模型具备更强的预测能力。这说明人工神经网络在处理多维数据的非线性计算时，具备良好的求解性能，基于人工神经网络模型的刹车距离预测方法是切实可行的。

6.2 展望

本书针对路面区域三维纹理特征与沥青路面抗滑性能之间的关系展开了相关研究，以 LTPP SPS-10 俄克拉何马州项目试验段的路面纹理点云数据和 DFT 测试仪测试结果为研究对象，结合机器学习方法和有限元方法，建立了高速、低速沥青路面摩擦系数预测模型、轮胎刹车距离预测模型和橡胶块-三维路面相互作用有限元模型，为非接触式路面抗滑性能的评价方法提供了参考。研究过程中仍有许多不足，还有如下方面有待进一步探索：

（1）本书数据来源为 LTPP SPS-10 俄克拉何马州项目试验段，该试验段的沥青材料涉及 HMA、WMA、SMA 沥青混合料及相关改性沥青混合料，对于常用的 AC 沥青混合料、OGFC 沥青混合料以及混凝土路面的路面区域三维纹理表征参数与抗滑性能之间的关系还有待进一步研究。因此，下一阶段应当扩大研究范围，将常用沥青混合料和混凝土材料的路面也纳入数据采集范围，以提高样本数据的多样性以及模型的普适性，将研究从项目级向网络级推进。

（2）本研究基于路面纹理特征预测了路面抗滑性能，研究结果可作为同类研究的有效补充。然而，其预测模型的 R^2 在 0.6~0.8，模型的准确度还有待进一步提升。路面纹理的形成与沥青混合料的骨料材质、骨料粒径、配合比设计等因素有着紧密的联系，轮胎与沥青路面之间的分子键作用还与沥青材料的选取有很大关系，因此，后期将针对模型结构和参数的选取来深入研究支持向量机模型和人工神经网络模型的优化工作，并进一步探讨路面抗滑性能与上述因素的内在联系，以提高非接触式路面抗滑性能预测的有效性和准确性。

（3）本书探讨了路面纹理与 ASTM E524 轮胎刹车距离之间的关系，模型尚未考虑轮胎的运行状态。然而在现有的路面抗滑性能测试仪器中，Grip tester 设置了轮胎的滚动速度和滑移率，可模拟车辆在 ABS 防抱死系统作用下的刹车过程。因此，在接下来的研究中，可对 Grip tester 的测试轮胎建立仿真模型，以进一步研究在轮胎滚动速度、轮胎滑移率等因素影响下路面纹理与轮胎刹车距离之间的关系。

（4）本书建立了橡胶块-三维路面相互作用模型，模拟了 DFT 测试仪的数据采集过程。在建模过程中，通过降低界面摩擦系数来表征水膜的润滑作用。该方法的目的在于简化模型，节省计算时间成本。在接下来的研究中，应当建立橡胶-水膜-三维路面相互作用有限元模型，通过水膜在橡胶块冲击作用下在纹理表面的流动形态，探究水膜对路面抗滑性能的作用机理，以深入研究路面湿滑风险及其防御机制与对策。

参考文献

[1] 殷缶，梅深. 交通运输部发布《2021 年交通运输行业发展统计公报》[J]. 水道港口，2022，43（3）：346.

[2] 马艺菲，樊一江. 稳运行与促发展波动交织交通运输发展迎来后疫情时代新篇章——2022 年交通运输形势分析及 2023 年形势展望[J]. 中国经贸导刊，2023（3）：19-21.

[3] 《中国水运》编辑部. 奋战 2022！为现代化中国当好开路先锋[J]. 中国水运，2022（2）：1.

[4] 佚名. 2022 年上半年全国机动车和驾驶人情况[J]. 公安研究，2022（8）：95-96.

[5] 国家统计局. 中国统计年鉴-2022[M]. 北京：中国统计出版社，2022.

[6] FWA T F. Skid resistance determination for pavement management and wet-weather road safety[J]. International Journal of Transportation Science and Technology，2017，6（3）：217-227.

[7] 黄晓明，郑彬双. 沥青路面抗滑性能研究现状与展望[J]. 中国公路学报，2019，32（4）：32-49.

[8] KOUCHAKI S，ROSHANI H，PROZZI J，et al. Field Investigation of Relationship between Pavement Surface Texture and Friction[J]. Transportation Research Record：Journal of the Transportation Research Board，2018，2672（40）：395-407.

[9] KOGBARA R B，MASAD E A，KASSEM E，et al. A state-of-the-art review of parameters influencing measurement and modeling of skid resistance of asphalt pavements[J]. Construction and Building Materials，2016，114：602-617.

[10] YUT I, HENAULT J W, MAHONEY J. Friction Study of Long-Term Pavement Performance Special Pavement Study SA Sections in Connecticut[J]. Transportation Research Record: Journal of the Transportation Research Board, 2014, 2446（1）: 29-36.

[11] MATAEI B, ZAKERI H, ZAHEDI M, et al. Pavement Friction and Skid Resistance Measurement Methods: A Literature Review[J]. Open Journal of Civil Engineering, 2016, 6（4）: 537-565.

[12] YANG G, WANG K, LI J. Multiresolution analysis of three-dimensional（3D）surface texture for asphalt pavement friction estimation[J]. International Journal of Pavement Engineering, 2021, 22（14）: 1882-1891.

[13] ZHAN Y, LI Q, YANG G, et al. Panel Data Models for Pavement Friction of Major Preventive Maintenance Treatments[J]. International Journal of Geomechanics, 2019, 19（8）: 04019081.

[14] UECKERMANN A, WANG D, OESER M, et al. A contribution to non-contact skid resistance measurement[J]. International Journal of Pavement Engineering, 2014, 16（7）: 646-659.

[15] 朱晟泽. 基于路面宏观纹理的轮胎抗滑行为数值模拟研究[D]. 南京: 东南大学, 2017.

[16] SRIRANGAM S. Numerical Simulation of Tire-Pavement Interaction[D]. Delft: Delft University of Technology, 2015.

[17] KOMARAGIRI S, AMIRKHANIAN A, BHASIN A. Friction and Texture Retention of Concrete Pavements[J]. Transportation Research Record, 2020, 2674（6）: 457-465.

[18] 黄晓明, 郑彬双. 沥青路面抗滑性能研究现状与展望[J]. 中国公路学报, 2019, 32（4）: 32-49.

[19] LI Q J, ZHAN Y, YANG G, et al. Pavement skid resistance as a function of pavement surface and aggregate texture properties[J]. International Journal of Pavement Engineering, 2020, 21（10）: 1159-1169.

[20] KOUCHAKI S, ROSHANI H, PROZZI J A, et al. Evaluation of aggregates surface micro-texture using spectral analysis[J]. Construction and Building Materials, 2017, 156: 944-955.

[21] 丁世海, 阳恩慧, 王郴平, 等. 沥青路面表面纹理三维高精度激光非接触式检测[J]. 西南交通大学学报, 2020, 55（4）: 758-764.

[22] 刘长波, 钱振东, 陈磊磊, 等. 基于一致性分析的路面构造深度评价指标研究[J]. 东南大学学报（自然科学版）, 2019, 49（6）: 1193-1198.

[23] DUNFORD A. Friction and the texture of aggregate particles used in the road surface course[D]. Nottingham: University of Nottingham, 2013.

[24] SCHONFELD R. Photo-interpretation of pavement skid resistance in practice[J]. Transportation research record, 1974, 523: 65-75.

[25] NEAYLON K. The PAFV test and road friction[J]. Friction, 2009.

[26] 王端宜, 李维杰, 张肖宁. 用数字图像技术评价和测量沥青路表面构造深度[J]. 华南理工大学学报（自然科学版）, 2004, 32（2）: 42-45.

[27] BEN S A. Caractérisation de textures rugueuses par traitement d'images: application aux revêtements routiers [D].Institut Universitaire de Technologie de Poitiers, 2004.

[28] MAERZ N H. Technical and computational aspects of the measurement of aggregate shape by digital image analysis[J]. Journal of Computing in Civil Engineering, 2004, 18（1）: 10-18.

[29] Slimane A B, Khoudeir M, Brochard J, et al. Characterization of road microtexture by means of image analysis[J]. Wear, 2008, 264（5-6）: 464-468.

[30] PIDWERBESKY B, WATERS J, GRANSBERG D. et al. Road surface texture measurement using digital image processing and information theory [R]. Fulton Gogan Limited, Christchurch, New Zealand, 2006.

[31] 汪海年. 沥青混合料微细观构造及其数值仿真研究[D]. 西安：长安大学，2010.

[32] SHALABY A, EL G A. Three-dimensional pavement surface macrotexture measurements using the photometric stereo technique and applications[C]//Procedings of the 6th Symposium on Pavement Surface Characteristics, 2008.

[33] 曹平, 严新平, 白秀琴. 沥青路面形貌对抗滑性能影响的理论分析[J]. 摩擦学学报, 2009, 29（4）: 306-310.

[34] REMONDINO F, EL-HAKIM S F, GRUEN A, et al. Turning images into 3-D models[J]. IEEE Signal Processing Magazine, 2008, 25（4）: 55-65.

[35] KOCH C, BRILAKIS I. Pothole detection in asphalt pavement images[J]. Advanced Engineering Informatics, 2011, 25: 507-515.

[36] WANG D, CHEN X, OESER M, et al. Study of micro-texture and skid resistance change of granite slabs during the polishing with the Aachen Polishing Machine[J]. Wear, 2014, 318: 1-11.

[37] UECKERMANN A, WANG D, OESER M, et al. Calculation of skid resistance from texture measurements[J]. Journal of Traffic and Transportation Engineering (English Edition), 2015, 2（1）: 3-16.

[38] SERIGOS P A, DE FORTIER SMIT A, PROZZI J A. Incorporating surface microtexture in the prediction of skid resistance of flexible pavements[J]. Transportation Research Record, 2014, 2457（1）: 105-113.

[39] 宋永朝, 梁乃兴, 闫功喜, 等. 基于数字图像技术的露石混凝土路面纹理构造抗滑性能[J]. 哈尔滨工业大学学报, 2015, 47（2）: 123-128.

[40] 刘亚敏. 基于抗滑降噪功能的 SMA 配合比设计研究[D]. 西安：长安大学, 2011.

[41] 苗英豪, 曹东伟, 刘清泉. 沥青路面表面宏观构造与抗滑性能间的关系[J]. 北京工业大学学报, 2011, 37（4）: 547-553.

[42] 苗英豪,陈广辉,王文涛,等. 路面宏观纹理灰度差异矩阵特征在抗滑评价中的应用[J]. 东南大学学报（英文版）, 2015, 31（3）: 389-395.

[43] 段跃华,张肖宁. 基于CT断层扫描图像的混凝土粗集料三维虚拟筛分[J]. 吉林大学学报（工学版）, 2012, 42（4）: 918-923.

[44] ZUNIGA-GARCIA N, PROZZI J A. High-definition field texture measurements for predicting pavement friction[J]. Transportation Research Record, 2019, 2673（1）: 246-260.

[45] 陈德. 沥青混合料表面构造图像评价方法及抗滑降噪性能预测研究[D]. 西安: 长安大学, 2015.

[46] 陈德,韩森,苏谦,等. 沥青混合料表面构造水平及分布特性预测模型[J]. 东南大学学报（自然科学版）, 2017, 47（3）: 599-606.

[47] 王元元. 沥青路面抗滑特性与其表面粗糙特性之关系研究[D]. 南京: 东南大学, 2017.

[48] LI L, WANG K C P, LI Q J. Geometric texture indicators for safety on AC pavements with 1mm 3D laser texture data[J]. International Journal of Pavement Research and Technology, 2016, 9（1）: 49-62.

[49] 何宝凤,魏翠娥,刘柄显,等. 三维表面粗糙度的表征和应用[J]. 光学精密工程, 2018, 26（8）: 1994-2011.

[50] LI Q, YANG G, WANG K, et al. Novel macro-and microtexture indicators for pavement friction by using high-resolution three-dimensional surface data[J]. Transportation Research Record: Journal of the Transportation Research Board, 2017, 2641（1）: 164-176.

[51] YANG Guangwei, YU Wenying, LI Qiangjoshua, et al. Random forest-based pavement surface friction prediction using high-resolution 3D image data[J]. Journal of Testing and Evaluation, 2021, 49（2）: 1-12.

[52] FIALA E. Seitenkrafte am rollenden Luftreifen[J]. ZVD I, 1954, 96: 973-979.

[53] FRANK F. Grundlagen zur berechnung der seitenund rungskennlinien von reifen. kautschuk unt gummi, kunstotuffe [J]. Jar Nr 8z, 1965: 267-274.

[54] WILLUMEIT H P. Theoretische unstersuchungen an eunem model des luftreinfens under seitenund umfanqsfrafe [D]. Berlin: Technische Universität Berlin, 1969.

[55] SHARP R S. Tyre structural mechanisms influencing shear force generation: Ideas from a multi-radial-spoke model[J]. Vehicle System Dynamics, 1992, 21(S1): 145-155.

[56] Pacejka H B. Analysis of the dynamic response of a rolling string-type tire model to lateral wheel-plane vibrations[J]. Vehicle System Dynamics, 1972, 1(1): 37-66.

[57] JUNG H, PYUN B, CHOI S. Model predictive control of an all-wheel drive vehicle considering input and state constraints[J]. International Journal of Automotive Technology, 2020, 21(2): 493-502.

[58] GIM G, NIKRAVESH P E. An analytical model of pneumatic tyres for vehicle dynamic simulations. Part 1: pure slips[J]. International Journal of vehicle design, 1990, 11(6): 589-618.

[59] LIDNER L. Experience with the magic formula tyre model[J]. Vehicle System Dynamics, 1992, 21(S1): 30-46.

[60] SCHMEITZ A J C, TEERHUIS A P. Robustness and applicability of a model-based tire state estimator for an intelligent tire[J], 2018, 46(2): 105-126.

[61] BESSELINK I J M, SCHMEITZ A J C, PACEJKA H B. An improved magic formula/swift tyre model that can handle inflation pressure changes[J]. Vehicle System Dynamics, 2010, 48(S1): 337-352.

[62] CABRERA J A, ORTIZ A, CARABIAS E, et al. Experience with the IMMa tyre test bench for the determination of tyre model parameters using genetic techniques[J]. Vehicle System Dynamics, 2005, 43(S1): 253-266.

[63] GUO K, LU D, REN L. A unified non-steady non-linear tyre model under complex wheel motion inputs including extreme operating conditions[J]. JSAE Review, 2001, 22(4): 395-402.

[64] 王英麟. 基于 CarSim 与 UniTire 的爆胎汽车动力学响应研究[D]. 长春：吉林大学，2007.

[65] 徐学进. 基于驾驶模拟器的车辆动力学建模研究[D]. 武汉：武汉理工大学，2007.

[66] 高超，褚超美，陈家琪，等. 一种汽车 ESP 仿真模型的研究[J]. 汽车工程，2010，32（2）：119-122.

[67] 孙银健. 基于模型预测控制的无人驾驶车辆轨迹跟踪控制算法研究[D]. 北京：北京理工大学，2015.

[68] 周卫琪，齐翔，陈龙，等. 基于无迹卡尔曼滤波与遗传算法相结合的车辆状态估计[J]. 汽车工程，2019，41（2）：198-205.

[69] KUNG L E, SOEDEL W, YANG T Y. Free vibration of a pneumatic tire-wheel unit using a ring on an elastic foundation and a finite element model[J]. Journal of Sound and Vibration, 1986, 107（2）：181-194.

[70] EBBOTT T, HOHMAN R, JEUSETTE J P, et. Tire temperature and rolling resistance prediction with finite element analysis[J]. Tire Science and Technology, 1999, 27：2-21.

[71] BRINKMEIER M, NACKENHORST U, PETERSEN S, et al. A finite element approach for the simulation of tire rolling noise[J]. Journal of Sound and Vibration, 2008, 309（1）：20-39.

[72] XIA K. Finite element modeling of tire/terrain interaction：Application to predicting soil compaction and tire mobility[J]. Journal of Terramechanics, 2011, 48（2）：113-123.

[73] 危银涛，刘哲，周福强，等. 考虑面外振动的轮胎三维环模型[J]. 振动工程学报，2016，29（05）：795-803.

[74] 李雪冰，危银涛. 一种改进的 Yeoh 超弹性材料本构模型[J]. 工程力学，2016，33（12）：38-43.

[75] 王国林，刘高君，王磊，等. 轮胎胎面胶料共挤出成型的有限元仿真研究[J]. 材料工程，2014（2）：51-54.

[76] 姜明磊,周涛,叶树斌,等.轮胎侧偏刚度有限元仿真研究[J].机械设计与制造工程,2015,44(9):15-19.

[77] 赵春来,臧孟炎.基于FEM/DEM的轮胎-沙地相互作用的仿真[J].华南理工大学学报(自然科学版),2015,43(8):75-81.

[78] 杨军,张伟光,陈先华.减速度非线性变化对制动距离影响分析[J].东南大学学报(自然科学版),2011,41(4):848-853.

[79] CHO J R, LEE H W, SOHN J S, et al. Numerical investigation of hydroplaning characteristics of three-dimensional patterned tire[J]. European Journal of Mechanics-A/Solids, 2006, 25(6):914-926.

[80] 何涛,李子然,汪洋.子午线轮胎胎面花纹块滑动磨损有限元分析[J].工程力学,2010,27(7):237-243+249.

[81] 赵珍辉,李子然,汪洋.带复杂花纹的轮胎滑水显式动力学分析[J].汽车技术,2010(4):34-38.

[82] 王国林,陈海荣.子午线轮胎滑水仿真分析[J].系统仿真学报,2012,24(8):1719-1722.

[83] 张彬,臧孟炎,周涛,等.基于正交试验设计的轮胎湿路面附着性能优化研究[J].橡胶工业,2014,61(3):143-147.

[84] 王长建,臧孟炎.复杂花纹子午线轮胎水滑特性仿真研究[J].橡胶工业,2011,58(10):620-625.

[85] WANG H, AL-QADI I, STANCIULESCU I. Effect of surface friction on tire-pavement contact stresses during vehicle maneuvering[J]. Journal of Engineering Mechanics, 2014, 140(4):04014001.

[86] DING Y, WANG H. Evaluation of hydroplaning risk on permeable friction course using tire–water–pavement interaction model[J]. Transportation Research Record Journal of the Transportation Research Board, 2018, 2672(40):408-417.

[87] 杨旭东,郑木莲,朱洪涛,等.轮胎与水泥混凝土路面摩擦接触状况数值模拟[J].长安大学学报(自然科学版),2010,30(4):13-17.

[88] 杨军,王昊鹏,吴琦. 潮湿沥青路面抗滑性能数值模拟[J]. 长安大学学报（自然科学版）, 2016, 36 (3): 25-32.

[89] 季天剑,黄晓明,刘清泉. 部分滑水对路面附着系数的影响[J]. 交通运输工程学报, 2003, 3 (4): 10-12.

[90] 黄晓明,代琦,平克磊. 轮胎胎面与柔性路面摩擦接触的数值分析[J]. 公路交通科技, 2008 (1): 16-20.

[91] 季天剑,高玉峰,陈荣生. 轿车轮胎动力滑水分析[J]. 交通运输工程学报, 2010, 10 (5): 57-60.

[92] 朱晟泽,黄晓明. 横向刻槽混凝土路面轮胎滑水速度数值模拟研究[J]. 东南大学学报（自然科学版）, 2016, 46 (6): 1296-1300.

[93] 田雪健,胡江碧. 车辆制动距离影响因素分析[C]//第七届中国智能交通年会优秀论文集, 2012.

[94] 臧孟炎,陆波,陈玉祥. 干燥路面上轮胎制动距离的FEM仿真[J]. 汽车工程, 2011, 33 (02): 156-161.

[95] 臧孟炎,陈高军,林银辉. 湿滑路面轮胎制动距离有限元仿真分析[J]. 中国机械工程, 2012, 23 (10): 1246-1251.

[96] 臧孟炎,段扶摇,周涛,等. 复杂花纹轮胎湿滑路面制动距离FEM仿真分析及评价[J]. 中国机械工程, 2013, 24 (16): 2257-2261.

[97] FWA T, ONG G. Wet-Pavement hydroplaning risk and skid resistance: analysis[J]. Journal of Transportation Engineering, 2008, 134 (5): 182-190.

[98] ONG G P, FWA T F. Wet-Pavement hydroplaning risk and skid resistance: modeling[J]. Journal of Transportation Engineering, 2007, 133 (10): 590-598.

[99] ONG GP, FWA T F. A mechanistic interpretation of braking distance specifications and pavement friction requirements[J]. Transportation Research Record Journal of the Transportation Research Board, 2010, 2155: 145-157.

[100] CHU L J, FWA T F. Incorporating pavement skid resistance and hydroplaning risk considerations in asphalt mix design[J]. Journal of Transportation Engineering, 2016, 142（10）: 04016039.

[101] CHU L J, FWA T F. Pavement skid resistance consideration in rain-related wet-weather speed limits determination[J]. Road Materials and Pavement Design, 2018, 19（2）: 334-352.

[102] FWA T F. Skid resistance determination for pavement management and wet-weather road safety[J]. International Journal of Transportation Science and Technology, 2017, 6（3）: 217-227.

[103] TANG T, ANUPAM K, KASBERGEN C, et al. Study of influence of operating parameters on braking distance[J]. Transportation Research Record: Journal of the Transportation Research Board, 2017, 2641: 139-148.

[104] ASTM International.Standard test method for measuring pavement macrotexture depth using a volumetric technique: ASTM E965-15[S]. West Conshohocken, PA, 2019.

[105] WAMBOLD J C, HENRY J J, HEGMON R R. Evaluation of pavement surface texture significance and measurement techniques[J]. Wear, 1983, 83（2）: 351-368.

[106] KAMPSTRA P. Beanplot: A boxplot alternative for visual comparison of distributions[J]. Journal of Statistical Software, 2008, 28: 1-9.

[107] 曹平. 表面形貌与污染物对沥青路面抗滑性能影响的研究[D]. 武汉: 武汉理工大学, 2009.

[108] ASTM International.Standard test method for measuring pavement macrotexture properties using the circular track meter: ASTM E2157-15（2019）[S]. West Conshohocken, PA, 2019.

[109] ZUÑIGA GARCIA N.Predicting friction with improved texture characterization [D]. Austin: The University of Texas at Austin, 2018.

[110] IZEPPI E D L，FLINTSCH G W，MCGHEE K K. Field performance of high friction surfaces[R]. 2010.

[111] 陈尚江，张肖宁. 基于数字图像处理技术的沥青混合料分形特性[J]. 建筑材料学报，2013，16（3）：451-455.

[112] LEACH R. Characterisation of areal surface texture[M]. Berlin：Springer-Verlag，2012.

[113] WEN H，WU S，MOHAMMAD L N，et al. Long-term field rutting and moisture susceptibility performance of warm-mix asphalt pavement[J]. Transportation Research Record Journal of the Transportation Research Board，2016，2575：103-112.

[114] ZAHOUANI H，VARGIOLU R，DO M T. Characterization of micro texture related to wet road/tire friction[C]//SURF 2000: Fourth International Symposium on Pavement Surface Characteristics on Roads and AirfieldsWorld Road Association (PIARC)，2000：195-205.

[115] PENG Y，LI J Q，ZHAN Y，et al. Finite element method-based skid resistance simulation using in-situ 3D pavement surface texture and friction data[J]. Materials，2019，12（23）：1-19.

[116] 蔡雯，陈培锋，王英，等. 基于激光散射的表面粗糙度测量系统研究[J]. 激光技术，2020，44（5）：611-615.

[117] ABUTAIR A L，LAVERY D，NADJAI A. A new method for evaluating the surface roughness of concrete cut for repair or strengthening[J]. Construction and Building Materials，2000，14：171-176.

[118] METROLOGY M. Michigan Metrology Surface Texture Parameters Glossary [M]. Michigan Metrology，2014.

[119] International Organization for Standardization. Characterization of pavement texture by use of surface profiles-Part 2：Terminology and basic requirements related to pavement texture profile analysis ：ISO 13473-2[S]. 2002.

[120] OUFQIR S, BLOOM P R, TONER B. Surface characterization of natural and Ca-saturated soil humic-clay composites at the micrometer scale: Effect of Calcium[J]. Journal of Materials and Environmental Science, 2015, 6: 3174-3183.

[121] KANE M, CEREZO V. A contribution to tire/road friction modeling: From a simplified dynamic frictional contact model to a "Dynamic Friction Tester" model[J]. Wear, 2015, 342-343: 163-171.

[122] ASTM International. Standard Test Method for Measuring Surface Frictional Properties Using the Dynamic Friction Tester: ASTM E1911-19（2019）[S]. West Conshohocken, PA, 2019.

[123] ASTM E524-08（2015）, Standard Specification for Standard Smooth Tire for Pavement Skid-Resistance Tests, ASTM International, West Conshohocken, PA, 2015.

[124] ASTM International. Standard Specification for Standard Rib Tire for Pavement Skid-Resistance Tests: ASTM E501-08（2015）[S]. West Conshohocken, PA, 2015.

[125] KOSGOLLA J V. Numerical simulation of sliding friction and wet traction force on a smooth tire sliding on a random rough pavement[D]. Tampa Bay: University of South Florida, 2012.

[126] YANG G. Exploring pavement texture and surface skid resistance using soft computing techniques[D]. Stillwater: Oklahoma State University, 2017.

[127] 郁烨. 基于统计理论的沥青路面长期性能研究[D]. 南京：东南大学, 2018.

[128] SRIRANGAM S K, ANUPAM K, SCARPAS A, et al. Development of a thermomechanical tyre–pavement interaction model[J]. International Journal of Pavement Engineering, 2015, 16（8）: 721-729.

[129] ODEN J T, MARTINS J A C. Models and computational methods for dynamic friction phenomena[J]. Computer Methods in Applied Mechanics and Engineering. 1985, 52（1-3）：527-643.

[130] WANG H, AL-QADI I L, STANCIULESCU I. Effect of surface friction on tire–pavement contact stresses during vehicle maneuvering[J]. Journal of Engineering Mechanics, 2013, 140（4）：04014001.

[131] YANG G, YU W, LI Q J, et al.Random forest–based pavement surface friction prediction using high-resolution 3d image data[J].Journal of Testing and Evaluation, 2021, 49（2）.

[132] JIAN M, SHI J. Analysis of impact of elderly drivers on traffic safety using ANN based car-following model[J]. Safety Science, 2020, 122：104536.

[133] AMIN S. Backpropagation-artificial neural network （BP-ann）：understanding gender characteristics of older driver accidents in west midlands of United Kingdom[J]. Safety science, 2020, 122: 104539.

[134] SOLLAZZO G, FWA T F, BOSURGI G. An ANN model to correlate roughness and structural performance in asphalt pavements[J]. Construction and Building Materials, 2017, 134：684-693.

[135] BILAL M, OYEDELE L O, QADIR J, et al. Big Data in the construction industry：A review of present status, opportunities, and future trends[J]. Advanced Engineering Informatics, 2016, 30（3）：500-521.

[136] 贾佳，王夫运，吴庆举. 机器学习在地震检测与震相识别的应用[J]. 地震工程学报，2019, 41（6）：1419-1425.

[137] LI F, WANG W, XU J, et al. Comparative study on vulnerability assessment for urban buried gas pipeline network based on SVM and ANN methods[J]. Process Safety and Environmental Protection, 2019, 122：23-32.

[138] DELEN D, SHARDA R, BESSONOV M. Identifying significant predictors of injury severity in traffic accidents using a series of artificial neural networks[J]. Accident Analysis & Prevention, 2006, 38（3）：434-444.

[139] CHIOU Y C. An artificial neural network-based expert system for the appraisal of two-car crash accidents[J]. Accident Analysis & Prevention, 2006, 38（4）: 777-785.

[140] KUNT M M, AGHAYAN I, NOII N. Prediction for traffic accident severity: comparing the artificial neural network, genetic algorithm, combined genetic algorithm and pattern search methods[J]. Transport, 2011, 26（4）: 353-366.

[141] JAFARI S A, JAHANDIDEH S, JAHANDIDEH M, et al. Prediction of road traffic death rate using neural networks optimised by genetic algorithm[J]. International journal of injury control and safety promotion, 2015, 22: 153-157.

[142] MARIO DE L. A Comparison between Prediction Power of Artificial Neural Networks and Multivariate Analysis in Road Safety Management[J]. Transport, 2017, 32（4）: 379-385.

[143] ABDULHAFEDH A. Crash Frequency Analysis[J]. Journal of Transportation Technologies, 2016, 6（4）: 169-180.

[144] 张学工. 关于统计学习理论与支持向量机[J]. 自动化学报, 2000, 26(1): 36-46.

[145] 王修岩, 李萃芳, 高铭阳, 等. 基于 SVM 和 SNN 的航空发动机气路故障诊断[J]. 航空动力学报, 2014, 29（10）: 2493-2498.

[146] LI Z, LIU P, WANG W, et al. Using support vector machine models for crash injury severity analysis[J]. Accident Analysis & Prevention, 2012, 45: 478-486.

[147] YU R, ABDEL-ATY M. Utilizing support vector machine in real-time crash risk evaluation[J]. Accident Analysis & Prevention, 2013, 51: 252-259.

[148] CHEN C, ZHANG G, QIAN Z, et al. Investigating driver injury severity patterns in rollover crashes using support vector machine models[J]. Accident Analysis & Prevention, 2016, 90: 128-139.

[149] MORSALI M, ÅSLUND J, FRISK E. Trajectory planning in traffic scenarios using support vector machines[J]. IFAC-PapersOnLine, 2019, 52（5）: 91-96.

[150] PRIDDY K L, KELLER P E. Artificial neural networks: an introduction[M]. SPIE press, 2005.

[151] HORNIK K M, STINCHCOMB M, WHITE H. Multilayer feedforward networks are universal approximator[J]. IEEE Transactions on Neural Networks, 1989, 2（5）: 359-366.

[152] 方昱. 山岭隧道动态设计与施工智能辅助决策系统研究[D]. 北京: 北京交通大学, 2016.

[153] KARAYIANNIS N B, VENETSANOPOULOS A N. Artificial neural networks: learning algorithms, performance evaluation, and applications[M]. Springer Science & Business Media, 1993.

[154] ZELELEW H, KHASAWNEH M, ABBAS A. Wavelet-based characterisation of asphalt pavement surface macro-texture[J]. Road Materials and Pavement Design, 2014, 15（3）: 622-641.

[155] 靳蕃. 神经计算智能基础[M]. 成都: 西南交通大学出版社, 2000.

[156] VILLANI M M, SCARPAS A, BONDT A, et al. Application of fractal analysis for measuring the effects of rubber polishing on the friction of asphalt concrete mixtures[J]. Wear, 2014, 320: 179-188.

[157] 徐凯. 基于BPNN与DS理论的联合收割机堵塞故障诊断与报警系统[D]. 镇江: 江苏大学, 2016.

[158] 夏栋. 基于多尺度几何分析的经编织疵在线检测[D]. 无锡: 江南大学, 2017.

[159] 丁宏飞, 李演洪, 刘博, 等. 基于BP神经网络与SVM的快速路行程时间组合预测研究[J]. 计算机应用研究, 2016, 33(10): 2929-2932, 2936.

[160] 刘世平, 曹俊峰, 孙涛, 等. 基于BP神经网络的冗余机械臂逆运动学分析[J]. 中国机械工程, 2019, 30（24）: 2974-2977, 2985.

[161] NAJAFI S, FLINTSCH G W, KHALEGHIAN S. Pavement friction management-artificial neural network approach[J]. International Journal of Pavement Engineering, 2019, 20（2）: 125-135.

[162] 陈讷郁, 葛耀君. 基于人工神经网络的典型桥梁断面气动参数识别[J]. 土木工程学报, 2019, 52（8）: 91-97, 128.

[163] 陈明. MATLAB 神经网络原理与实例精解[M]. 北京: 清华大学出版社, 2013.

[164] 郭星辰. 空对地复杂背景目标跟踪算法研究[D]. 长春: 中国科学院研究生院（长春光学精密机械与物理研究所）, 2015.

[165] CORTES C, VAPNIK V. Support-vector networks[J]. Machine Learning, 1995, 20（3）: 273-297.

[166] SAIN S R. The Nature of Statistical Learning Theory[J]. Technometrics, 1996, 38（4）: 409-409.

[167] 任能, 谷波. 基于支持向量机的结霜过程特性参数预测模型[J]. 上海交通大学学报, 2007, 41（12）: 1920-1923.

[168] 于哲夫. 一种新的特征选择方法及其在路面使用性能分析中的应用[D]. 大连: 大连海事大学, 2011.

[169] 李秀珍, 孔纪名, 王成华. 多分类支持向量机在滑坡稳定性判识中的应用[J]. 吉林大学学报（地球科学版）, 2010, 40（3）: 631-637.

[170] 翟建松. 基于支持向量机的中南公路边坡稳定性分析[D]. 阜新: 辽宁工程技术大学, 2012.

[171] CHANG C C, LIN C J. LIBSVM: a library for support vector machines[J]. ACM transactions on intelligent systems and technology (TIST), 2011, 2(3): 1-27.

[172] A policy on geometric design of highways and streets[M].3rd ed. Washington: American Association of State Highway and Transportation Officials（AASHTO）, 1994.

[173] 陈家瑞. 汽车构造[M]. 北京: 机械工业出版社, 2006.

[174] YAN X. Non-linear three-dimensional finite element modeling of radial tires[J]. Mathematics and Computers in Simulation, 2001, 58（1）: 51-70.

[175] 郭啸天. 12. 00-20-18PR 高性能斜交轮胎的三维有限元分析以及结构改进的研究[D]. 北京: 北京化工大学, 2007.

[176] 邱毅, 许丽玲. SPMT 斜交轮胎的设计[J]. 轮胎工业, 2018, 38（10）: 598-600.

[177] SHAHYAR T. Finite element modeling of tire-terrain dynamic interaction for full vehicle simulation applications[D]. Blacksburg: Virginia Polytechnic Institute and State University, 2014.

[178] 任旭春. 轮胎有限元分析及优化中的若干问题研究[D]. 北京: 清华大学, 2005.

[179] PAPANICOLAU G, BENSOUSSAN A, LIONS J L. Asymptotic analysis for periodic structures[M]. North-Holland Pub. Co., 1978.

[180] WALTER J D, PATEL H P. Approximate expressions for the elastic constants of cord rubber laminates[J]. Rubber Chemistry and Technology, 1979, 52(4): 710-724.

[181] 于清溪. 轮胎工业用橡胶材料现状与发展（一）[J]. 橡胶科技市场, 2008（9）: 1-4.

[182] 黄建龙, 解广娟, 刘正伟. 基于 Mooney-Rivlin 模型和 Yeoh 模型的超弹性橡胶材料有限元分析[J]. 橡胶工业, 2008, 55（8）: 467-471.

[183] 危银涛, 杨挺青, 杜星文. 橡胶类材料大变形本构关系及其有限元方法[J]. 固体力学学报, 1999, 20（4）: 281-289.

[184] Dassault Systèmes. ABAQUS user's manual（6th ed.）[Z]. Paris: Dassault Systèmes, 2013.

[185] 李晓芳, 杨晓翔. 橡胶材料的超弹性本构模型[J]. 弹性体, 2005, 15（1）: 50-58.

[186] MOONEY M. A theory of large elastic deformation[J]. Journal of Applied Physics, 1940, 11（9）: 582-592.

[187] 邹广平. 材料力学实验基础[M]. 哈尔滨：哈尔滨工程大学出版社，2010.

[188] OGDEN R W, SACCOMANDI G, SGURA I. Fitting hyperelastic models to experimental data [J]. Computational Mechanics, 2004, 34（6）: 484-502.

[189] 王国林，杜小伟，朱美林，等. 轮胎成型有限元仿真研究[J]. 工程力学，2012, 29（6）: 265-269.

[190] 吴福麒. 轮胎稳态滚动温度场的有限元分析[D]. 合肥：中国科学技术大学，2009.

[191] TANG T, ANUPAM K, KASBERGEN C, et al. Finite element studies of skid resistance under hot weather condition[J]. Transportation Research Record: Journal of the Transportation Research Board, 2018, 2672（40）: 382-394.

[192] SRIRANGAM S, ANUPAM K, KASBERGEN C, et al. Study of influence of operating parameters on braking friction and rolling resistance[J]. Transportation Research Record, 2015, 2525（1）: 79-90.

[193] PENG M, XU Z. Research on nonlinear constitutive relationship of permanent deformation in asphalt pavements[J]. Science in China Series G-Physics Mechanics & Astronomy , 2006, 49（6）: 671-682.

[194] 范安俊，黄晓明，彭彬. 沥青混合料粘弹性行为ABAQUS有限元模拟[J]. 石油沥青，2009, 23（5）: 10-15.

[195] FUENTES L, FLINTSCH G, IZEPPI E. Evaluation of the use of ribbed tires for the characterization of skid resistance using friction models[J]. Journal of Testing and Evaluation, 2014, 42（6）: 1479-1485.

[196] TIELKING J T, ROBERTS F L. Tire contact pressure and its effect on pavement strain[J]. Journal of Transportation Engineering, 1987, 113（1）: 56-71.

[197] WAMBOLD J C, ANTLE C E, HENRY J J. International PIARC experiments to compare and harmonize texture and skid resistance measurements[M]. Permanent International Association of Road Congresses—World Road Association, Paris, 1995.

[198] ZEGARD A, HELMAND F, TANG T, et al. Rheological properties of tire rubber using dynamic shear rheometer for fem tire-pavement interaction studies[C]//Proceedings of the 8th International Conference on Maintenance and Rehabilitation of Pavements, 2016: 535-544.

[199] 石亦平,周玉蓉. ABAQUS 有限元分析实例详解[M]. 北京:机械工业出版社, 2006.

[200] SCHUTTE J H. Numerical simulation of tyre/road noise[D]. Enschede: University of Twente, 2011.

[201] 王勖成. 有限单元法[M]. 北京:清华大学出版社, 2003.

[202] ODEN J. Nonlinear finite element analysis in structural mechanics[C]//Proceedings of the Europe-U.S. Workshop Ruhr-Universitt Bochum, 1980.

[203] PETER WRIGGERS. Computational contact mechanics[M]. Computational contact mechanics. J. Wiley & Sons, 2002.

[204] 姜明磊. 全钢子午线轮胎疲劳寿命仿真研究[D]. 广州:华南理工大学, 2016.

[205] BELKIN A E, MUKHIN O N, SOROKIN F D. On models and methods of mechanics of pneumatic tires and rubber-cord shells. Development of the ideas due to Professor V. L. Biderman[J]. Mechanics of Solids, 2017, 52(3): 233-242.

[206] WAMBOLD J C, ANTLE C E, HENRY J J, et al. International PIARC experiment to compare and harmonize texture and skid resistance measurements[M]. PIARC, 1995.

[207] WANG H, AL-QADI I L, STANCIULESCU I. Simulation of tyre-pavement interaction for predicting contact stresses at static and various rolling conditions[J]. International Journal of Pavement Engineering, 2012, 13(4): 310-321.

[208] NOH W F. CEL: A time-dependent two-space-dimensional coupled eulerian-lagrange code[M]. New York: Academic Press, 1964.

[209] CHO J R, KIM K W, JEON D H, et al. Transient dynamic response analysis of 3-D patterned tire rolling over cleat[J]. European Journal of Mechanics-A/Solids, 2005, 24(3): 519-531.

[210] 王福军. 计算流体动力学分析[M]. 北京: 清华大学出版社, 2004.

[211] 王长建. 复杂花纹子午线轮胎滑水仿真分析与研究[D]. 广州: 华南理工大学, 2012.

[212] KARIM M F, TANIMOTO K, HIEU P D. Modelling and simulation of wave transformation in porous structures using VOF based two-phase flow model[J]. Applied Mathematical Modelling, 2009, 33(1): 343-360.

[213] OH C W, KIM T W, JEONG H Y, et al. Hydroplaning simulation for a straight-grooved tire by using FDM, FEM and an asymptotic method[J]. Journal of Mechanical Science and Technology, 2008, 22: 34-40.

[214] 郑彬双, 朱晟泽, 程永振, 等. 基于轮胎滑水模型的轮胎-沥青路面附着特性影响因素分析[J]. 东南大学学报(自然科学版), 2018, 48(4): 719-725.

[215] 黄晓明, 曹青青, 刘修宇, 等. 基于路表分形摩擦理论的整车雨天制动性能模拟[J]. 吉林大学学报(工学版), 2019, 49(3): 757-765.

[216] MAHMADI K, ITOH S, HAMADA T, et al. Numerical Studies of Wave Generation Using Spiral Detonating Cord[C]//Materials Science Forum. Trans Tech Publications Ltd., 2004, 465: 439-444.

[217] FLINTSCH G W, IZEPPI E D L, MCGHEE K K, et al. Evaluation of international friction index coefficients for various devices[J]. Transportation Research Record, 2009, 2094: 136-143.

[218] SCHWARZER N. Effect of lateral displacement on the surface stress distribution for cone and sphere contact[J]. Philosophical Magazine, 2006, 86(33-35): 5231-5237.

[219] 彭佳, 何杰, 丛颖, 等. 三维随机路面通用模型建立与仿真[J]. 农业机械学报, 2009, 40(3): 1-4, 25.

[220] 王国林，钱金戈，刘建. VPG 中三维随机路面模型建立方法研究[J]. 机械设计与制造工程，2010（10）：194-196.

[221] Zhang L，Ong G P，Fwa T F. Developing an analysis framework to quantify and compare skid resistance performances on porous and non-porous pavements[J]. Transportation Research Record：Journal of the Transportation Research Board，2014，2369：77-86.

[222] WEI C，OLATUNBOSUN O，BEHROOZI M. Simulation of tyre rolling resistance generated on uneven road[J]. International Journal of Vehicle Design，2016，70（2）：113-136.

[223] 刘修宇，曹青青，朱晟泽，等. 沥青混凝土路面轮胎临界滑水速度数值模拟[J]. 东南大学学报（自然科学版），2017，47（5）：1020-1025.

[224] Autodesk Inc. AutoCAD 2013 user's guide[Z]. California：Autodesk Inc.，2013.

[225] ASTM International. Standard specification for a size 10×4-5 smooth-tread friction test tire：ASTM E1844-08[S].West Conshohocken，PA，2015.

[226] WANG H，AL-QADI I L. Combined effect of moving wheel loading and three-dimensional contact stresses on perpetual pavement responses[J]. Transportation Research Record，2009，2095（1）：53-61.

[227] ZHANG L，FWA T F，ONG G P，et al. Analysing effect of roadway width on skid resistance of porous pavement[J]. Road Materials and Pavement Design，2016，17：1-14.

[228] HENRY J J. Evaluation of pavement friction characteristics[M].Washington D C：Transportation Research Board，2000.

[229] ZHENG B，CHEN J，ZHAO R，et al. Analysis of contact behaviour on patterned tire-asphalt pavement with 3-D FEM contact model[J]. International Journal of Pavement Engineering，2020，23（2）：1-16.

[230] ODEN J T, MARTINS J A C. Models and computational methods for dynamic friction phenomena[J]. Computer Methods in Applied Mechanics and Engineering, 1985, 52(1): 527-634.

[231] ZHOU H, WANG G, DING Y, et al. Effect of friction model and tire maneuvering on tire-pavement contact stress[J]. Advances in Materials Science and Engineering, 2015: 632647.

[232] ASEFZADEH A, HASHEMIAN L, BAYAT A. Development of statistical temperature prediction models for a test road in Edmonton[J]. International Journal of Pavement Research and Technology, 2017, 10(5): 369-382.

[233] 薛毅. 统计建模与R软件[M]. 北京: 清华大学出版社, 2007.

[234] 李波, 韩森, 徐鸥明, 等. 基于主成分分析法的沥青路面使用性能评价[J]. 长安大学学报(自然科学版), 2009, 29(3): 15-18.

[235] ABDI H, WILLIAMS L J. Principal component analysis[J]. Wiley Interdisciplinary Review Computational Statics, 2010, 2(4): 433-459.

[236] JOLLIFFE I J. Principal component analysis[M]. New York: Springer-Verlag, 1986.